CONFESSION

DE

SAINTE-BEUVE

Cinquante exemplaires ont été tirés sur papier vergé.

OUVRAGES DU MÊME AUTEUR :

Ménage et Finances de Voltaire. 1 vol. in-8º de 600 pages. Épuisé.

Histoire de la Table. Curiosités gastronomiques de tous les temps et de tous les pays. 1 vol. grand in-18. . .   3 fr. 50

Journal de Louis XVI. 1 vol. grand in-18 jésus, papier vergé . . . .   5 fr.

Les cours et les salons au XVIIIe siècle. 1 volume in-18 jésus . . . .   3 fr. 50

LOUIS NICOLARDOT

CONFESSION

DE

Sainte-Beuve

CINQUIÈME ÉDITION

—

PARIS

ÉD. ROUVEYRE ET G. BLOND

ÉDITEURS

98, rue de Richelieu, 98

—

1882

PRÉFACE

Sainte-Beuve est l'homme de lettres que j'ai le plus tôt, le plus souvent et le plus longtemps cultivé. A la première entrevue nous nous convînmes. Il m'avait beaucoup plu ; j'eus l'avantage de ne pas lui déplaire. Sa porte m'était ouverte, je profitai de l'accueil sans en abuser.

Mes études sur Voltaire rendirent nos relations plus fréquentes et durables. Jamais nous n'avons été brouillés. Je l'ai recherché, seulement à de rares intervalles, sur la fin de sa carrière ; mais, pendant une dizaine d'années, notre intimité fut si grande qu'on m'a pris quelquefois pour son secrétaire honoraire.

Il m'avait devancé sur bien des points ; je le rattrapai vite. Aussi m'appelait-il souvent un bon chien de chasse. Quand on lui demandait la cause de nos relations, il répondait : « Nous chassons tous les jours sur les mêmes terres. Nous ne cessons de nous rencontrer, et il nous arrive souvent de tirer ensemble. Jamais nous ne nous disputons sur le partage des dépouilles. »

Il me consultait sur tous les sujets que j'avais plus approfondis que lui. Je m'amusais quelquefois à l'éperonner quand il montait sur son Pégase du Lundi; pour le coup il riait de ma fougue et criait au casseur de vitres. De mon côté, je mettais le même zèle à l'interroger sur tout ce qu'il avait recueilli de la tradition. Ainsi entre nous les services sont égaux.

L'identité de passion pour le travail, de goût pour la biographie, d'enthousiasme pour la littérature, nous avait unis et changea notre commerce en camaraderie. Une question de son côté en amenait une de ma part. La polémique sur Voltaire, excitée par la publication de Ménage et Finances de Voltaire, élargit le cercle de nos causeries. Dès lors je songeai à poursuivre ce qu'on a appelé la Queue de Voltaire. Familiarisé de bonne heure avec les hommes et les livres de ce siècle, il lui fut facile de me payer largement ce qu'il pouvait me devoir sur le passé.

Je savais ce qui lui manquait. Je n'eus jamais l'illusion de l'attirer à mes principes; je me fis un point d'honneur de ne pas même faire allusion à tout ce qui nous séparait. Il a été aussi discret sur tout ce qui me concernait.

Après sa passion du Collège de France, il devint plus expansif. Blessé, irrité de n'avoir rencontré aucun défenseur dans toute la presse, il espéra que je devinerais son intention. Alors il parla plus souvent de lui et se révéla tout entier. Je ne l'ai pas questionné une seule fois, bien qu'il me parût déterminé à me confier tous ses secrets. Il causait lentement, sincèrement, tranquillement, comme il aurait lu une Confession générale : j'écoutais sans curiosité. Maintes fois il lui est arrivé de s'arrêter et de rougir de ce qu'il avait dit. Je le laissais faire. Je restais aussi réservé qu'il éprouvait le besoin de vider tout ce qui pouvait lui peser sur le cœur.

Ces aveux contiennent probablement la clef de toutes les discussions auxquelles sa mort donnera lieu, un jour ou l'autre.

Maintenant il appartient à l'Histoire. Il pourrait être longtemps ou surfait ou calomnié, à cause de l'ignorance de son caractère.

Je n'entreprends pas une biographie. J'écris simplement ce que je n'aurais pu voir sans fermer les yeux, ni entendre sans me boucher les oreilles, et surtout sans blesser les convenances.

Ces révélations déchirent le mystère de la vie privée de l'écrivain qui a le plus dévoré de livres et jugé d'hommes. Puis-je croire que Sante-Beuve, qui m'estimait comme biographe et comme critique, aurait été avec moi bavard jusqu'à la naïveté pour me faire un devoir du silence ? Il a commis tant d'inconséquences qu'une de plus n'étonnera personne. Quant à ceux qui seraient tentés de me reprocher d'être trop explicite, il me sera *toujours facile de me justifier en leur repondant qu'il n'a tenu qu'à moi d'en savoir davantage.*

Les Voltairiens n'ont cessé de crier au pamphlet depuis la publication de Ménage et Finances de Voltaire. *Comme Sainte-Beuve leur a donné sa mémoire par son enterrement civil, ils ne manqueront pas de crier encore au pamphlet, à propos de cette* Confession générale, *comme ils l'ont déjà fait. Il est assez singulier que la vie de leurs coryphées ne puisse jamais être qu'un pamphlet, même à leurs propres yeux!*

LE PHILOSOPHE

I

Doué d'un instinct littéraire éminent, Sainte-Beuve s'y est abandonné comme un enfant, et l'a tellement développé que toutes les autres facultés sont restées à l'état d'embryon. Aussi ses actes comme ses articles accusent-ils la faiblesse de sa raison et l'étroitesse de son cœur. Jamais il n'a eu la conscience des inconséquences ni des contradictions de ses relations et de ses productions. Le vide dans lequel le défaut de tout principe, de toute opinion, de toute affection, le laissait, était si loin de le satisfaire, qu'il était habituellement fort triste. Il ne savait ni ce qu'il voulait, ni ce qu'il désirait. Il m'avoua une fois qu'il n'y avait pas un jour de sa vie qu'il eût souhaité de recommencer.

Indifférent, mais nullement hostile à la religion,

il se montrait antipathique à toute manifestation, soit philosophique, soit impie.

Il ne lui est arrivé qu'une fois d'aborder une question religieuse devant moi. C'était en présence de M. Barbey d'Aurevilly. Il essaya de refaire la *Genèse* et d'emprunter à Goëthe quelques arguments contre le récit de Moïse. Il n'était pas fort convaincu de son système, car il marchait et gesticulait pour attraper des mots, et ne pouvait finir aucune phrase. Tout ce qu'il avança était tellement incohérent, vague, nébuleux, grotesque, que je ne pus m'empêcher de sourire et de dire : « Le catéchisme est plus clair et plus satisfaisant que toute cette théologie surannée. » La conversation changea d'objet.

Toute discussion sur les matières religieuses étant ordinairement inutile, quand elle n'excite pas d'une part l'indignation et de l'autre le blasphème, je me fis un devoir de ne point sonder les convictions religieuses de Sainte-Beuve. De son côté, il a mis la même réserve à ne point me donner sa profession de foi. Il avait été élevé chrétiennement, car sa mère était très pieuse.

Cependant, dès 1854, il m'avait été dit comme une chose aussi certaine que secrète qu'il avait depuis longtemps fait son testament, et qu'il avait choisi pour exécuteur M. Lacaussade, à la charge de commander et de présider un enterrement purement civil.

Il m'était impossible de récuser le témoignage d'un confident du testateur et de l'exécuteur testamentaire. L'aversion de Sainte-Beuve pour les manifestations me laissa l'espoir qu'il reviendrait sur sa décision et qu'il reculerait devant le scandale d'une mesure que nos mœurs, pourtant si peu scrupuleuses, ne tolèrent pas.

Il est certain qu'il n'a point paru à l'enterrement purement civil de Lamennais. Malgré toute l'amitié qu'il professait pour Proudhon, je ne crois pas qu'il ait honoré de sa présence son enterrement purement civil. Mais ce que les journaux peuvent attester, c'est que, dans la presse, il n'y a personne qu'on ait remarqué plus souvent, dans les premiers rangs, aux convoi, service et enterrement des célébrités contemporaines. Il était si coutumier du fait, que les bulletins mentionnaient régulièrement sa présence, même lorsqu'il était absent pour cause. Il était assez content de la réputation dont il jouissait pour sa piété envers les morts. On n'avait pu le voir aux funérailles d'Arago; il avait eu un motif ou un prétexte pour s'en abstenir. Je l'ai surpris riant de bon cœur et applaudissant à l'attention qu'on eut de comprendre son nom sur la feuille de présence. Personne, en effet, n'aurait imaginé qu'il eût manqué l'occasion d'étaler son illustre parapluie dans une circonstance où tout le monde était en parapluie, et où la pluie était si abondante que la plupart des gardes nationaux quittèrent leurs rangs.

Dans la presse, nul n'a mis plus d'empressement à faire des articles après décès, et, en jugeant les morts, il recourait plus à la miséricorde qu'à la rigueur.

S'il était secrètement matérialiste, il faut avouer qu'il a eu de singulières distractions de spiritualiste.

Pour peu qu'on le suppose catholique, il a donné droit aux ultramontains de le disputer aux gallicans. Dépositaire du manuscrit de Lamennais et chargé d'éditer les *Paroles d'un croyant*, il a pris sur lui de substituer des lignes de points à tous les versets qui n'étaient qu'une diatribe contre la papauté, les regardant comme aussi indignes d'un ancien prêtre que d'un homme de goût.

Dans un âge mûr et déjà célèbre, il a renouvelé sa profession de foi catholique dans deux circonstances : il a été parrain de l'une des filles de Victor Hugo et d'un enfant de M. Buloz.

Lorsqu'il s'est expatrié en 1848, il a instamment prié M. de Montalembert de lui donner une lettre de recommandation pour l'évêque de Liège. Il ne l'a pas gardée dans son portefeuille. Ses rapports avec l'évêque de Liège n'ont pas été un mystère. Le dais de velours des prélats ne lui répugnait pas plus que le dais de damas de Victor Hugo.

Dans un article sur l'abbé Gerbet, il a pris à

cœur d'apprendre comment une soirée à l'évêché d'Amiens en valait bien une autre.

Propriétaire rue du Mont-Parnasse, quand son tour vint d'offrir le pain bénit, il ne lésina point avec la paroisse Saint-Sulpice, comme le font les locataires et les propriétaires qui se cotisent pour partager une dépense d'environ cinquante francs. Il donna tout de suite, pour le pain, les cierges et l'offrande, tout ce que le sacristain lui demanda.

Paroissien de Saint-Sulpice, comme l'avait été Voltaire, ce fut lui qui alla au-devant du curé, au lieu de l'attendre, comme avait fait Voltaire.

L'une de ses gouvernantes était malade : il se plaisait à lui déclamer des *Sermons* de Massillon. Il pleurait en lisant, et elle pleurait en les écoutant. Je les ai vus pleurant encore, chaque fois qu'ils en rappelaient des passages. Quand le mal s'aggrava et ne laissa plus d'espoir, il alla lui-même chercher M. le curé pour lui rendre les derniers devoirs. Soit effet de la souffrance, soit regret de la vie, la malade était devenue de jour en jour plus acariâtre et d'une humeur insupportable. Quand elle fut confessée, Sainte-Beuve remarqua qu'elle était plus calme et plus douce. Il me dit en riant : « Je vais la faire confesser tous les jours. » Mais la sérénité n'eut pas longue durée. Sainte-Beuve, qui n'avait pas la patience de Socrate pour les Xantippes, me fit de cette tempête imprévue une objection contre

la vertu des sacrements. Je lui répondis qu'ils
n'opéraient efficacement que suivant les dispositions
avec lesquelles on les recevait. S'il désirait voir sa
Madeleine mourir tranquille, il voulait au moins
aussi ardemment vivre en paix. Les scènes se multipliaient et les injures grossissaient. Enfin, à bout
de résignation et disposé à acquérir le repos à tout
prix, je l'ai entendu dire à la pauvre moribonde :
« Voulez-vous que nous nous marions? » M. Octave Lacroix était présent. Le lendemain, nous par-
lâmes de cette ouverture. Il me dit : « Sainte-Beuve
offre le mariage; il le promet, mais il ne l'effectuera
point. » Pour moi, je suis persuadé que la gouvernante aurait amené Sainte-Beuve à ses fins, si elle
avait persisté dans l'idée fixe d'une union indisso-
luble. Quoi qu'il en soit, elle mourut après une
longue et douloureuse maladie, munie des sacrements de l'Église. Elle avait rendu le dernier soupir
dans la maison de Sainte-Beuve; elle fut enterrée
dans le caveau qu'il avait récemment édifié pour sa
mère. Il consacra quatre mille francs à ses obsèques.

Ces cérémonies funèbres avaient établi des rapports entre le curé et le paroissien. Sainte-Beuve
s'était mis dans l'impossibilité de faire l'incrédule
avec son pasteur. Il est probable qu'il ne l'a pas
consulté sur les dispositions de son enterrement
purement civil. Loin de là, il lui a donné des gages
de conversion. Un jour que le curé de Saint-

Sulpice se promenait avec un ecclésiastique près du Luxembourg, Sainte-Beuve, sénateur depuis peu, s'empressa de le saluer et de lui dire : « Si jamais vous appreniez que je fusse malade et en danger de mort, vous pouvez être sûr que je recevrai votre visite avec plaisir, et que vous n'aurez pas à vous plaindre de moi. »

Chaque fois que dans nos entretiens il fut question de Bossuet, Sainte-Beuve parlait avec indignation d'un ancien bibliothécaire de la Mazarine qui, malgré son caractère sacerdotal, a passé toute sa vie à crier qu'il tenait de sa famille l'acte authentique du mariage de Bossuet, et qui est mort sans avoir pu répondre à toutes les sommations qui lui furent faites d'administrer la preuve de son dire.

Sainte-Beuve a su, soit par des traditions certaines, soit par la communication de correspondances secrètes, les faiblesses et même les scandales de cardinaux, d'évêques et de prêtres célèbres de l'ancien régime. Il n'en a point abusé, et a même répugné à en profiter. Malgré son goût permanent pour tout ce qui touche à ce que le catéchisme appelle l'*œuvre de chair*, il a toujours eu, soit dans ses conversations, soit dans ses articles, la plus grande réserve pour le clergé. Il était fort sensible aux suffrages des ecclésiastiques. Je l'ai rarement vu rire d'aussi bon cœur que le jour où il m'apprit que, dans un sermon prononcé à Orléans, un prédicateur lui avait emprunté un passage favorable au christianisme.

Presque toute sa vie, il fut le visiteur le plus respectueux et le plus affectueux de tous les prêtres les plus éminents. A Rome, il fit connaissance avec l'abbé Gerbet, et ne manqua plus l'occasion de le revoir. A Lyon, il hanta l'abbé Noirot, ce Socrate à qui manque un Platon, et que Cousin proclamait le premier professeur de l'Université. Dès que l'abbé Lacordaire eut un nom, il le chercha ; il le pria de peindre, pour *Volupté*, la vie de séminaire ; il ne fut pas des derniers à reconnaître l'éloquence et l'originalité des *Conférences* de Notre-Dame. Il mit à contribution jusqu'aux jésuites. Il les combattit avec les armes qu'ils eurent la simplicité de lui fournir. Les notes du Père de Montesson sont encore dans le dossier de *Port-Royal*.

Il cultiva beaucoup et longtemps l'abbé de Lamennais. Il me disait à ce sujet : « Chaque fois que je voyais l'abbé de Lamennais, il me harcelait de questions sur la religion, et me persécutait sans relâche pour me pousser au confessional. Quand il eut rompu avec Rome, il avait honte de me rencontrer, parce que ma présence lui rappelait tous les efforts qu'il avait tentés pour m'arracher au point de départ où il était revenu après tant de bruit et d'années. »

Bien qu'il évitât de courtiser le citoyen Lamen-

nais, il ne le perdit jamais de vue. Je lui demandai, naturellement, si Lamennais était resté fidèle à
son vœu de chasteté, et s'était préservé des excès
dans lesquels sont venus s'abîmer tous les prêtres
qui quittèrent leur état. Il me répondit : « Je puis
assurer qu'après comme avant sa chute, Lamennais
est resté irréprochable. Prêtre, il était de son devoir
et de son goût de catéchiser. Philosophe, il grillait
d'avoir des adeptes, sinon des disciples. Aussi
accueillait-il avec distinction tous les jeunes gens.
Béranger devint jaloux de cette popularité naissante
dans les écoles. Il craignit d'avoir un rival dans un
camarade. Il chercha à expliquer par des habitudes
infâmes le commerce des étudiants avec un écrivain
qui avait préféré le titre de citoyen à ses lettres de
prêtrise. Avec le temps ses suppositions gagnè-
rent du terrain, et ses calomnies furent acceptées
comme une médisance. L'écho les répéta et les
grossit. Un beau jour, Lamennais fut dénoncé à
l'autorité, et regardé comme suspect à la police.
Je le tiens d'un préfet de police, M. Delessert. »

A mes questions sur la mort de Lamennais, il
répondit : « Il est vrai que ses amis de la fin s'étaient
constitués ses geôliers et se relayaient les uns les
autres pour ne point le laisser seul, et surtout pour
l'empêcher de se rétracter et de mourir dans le
giron de l'Église. Sa garde-malade était protestante,
et se scandalisait de ne point entendre mander de

prêtre ou de ministre pour assister à ses derniers moments un homme qui avait exercé la prêtrise si longtemps. Elle se détermina à annoncer un prêtre, s'il en survenait. Pendant une maladie qui dura plusieurs mois, elle ne s'est trouvée seule qu'une fois, et pendant quelques minutes. On sonne. C'est un prêtre : elle court vite porter sa carte. Lamennais se contenta de dire froidement : « Dites-lui qu'il aille se faire f.... » C'est la seule fois de sa vie que cette expression grossière soit sortie de sa bouche. »

Ainsi Sainte-Beuve n'était hostile ni à l'Église en général, ni aux prêtres en particulier. Un libraire avait projeté de publier une édition de Bourdaloue et de Massillon. Il me chargea de demander une préface à Sainte-Beuve. Le journaliste accepta incontinent la proposition, et fut impatient de s'exécuter. Il montrait plus de zèle que l'éditeur. Il eût fait des articles sur tous les volumes de la *Patrologie*, si l'abbé Migne eût consenti à les payer largement.

II

Après les prêtres éminents, ce sont les écrivains catholiques qui ont le plus attiré sa curiosité.

Chateaubriand eut la part du lion. Il distinguait Sainte-Beuve dans le salon de Mme Récamier, et l'accueillait comme un fils dans son hôtel. Sans cesse il l'engageait à se mettre à *Port-Royal*. « Un jour, me racontait Sainte-Beuve, j'arrive chez Chateaubriand. Un libraire venait de lui apporter dix mille francs. Les billets de banque étaient sur la table. Chateaubriand, suivant son habitude, me parle de *Port-Royal*, et me presse plus éloquemment que jamais de m'y livrer, corps et âme. Je lui objectai mes engagements avec la *Revue des Deux-Mondes*. Alors il devient plus insinuant, plus entraînant, et me dit : « Mais il n'y a pas rien que le seigneur Buloz. » Puis, regardant en riant et en m'indiquant du regard et de la main les billets de banque, il avait l'air de me dire : « Emportez ça. » Je comprenais, tout en feignant de ne pas apercevoir son geste. J'aurais pu emporter les dix mille francs. Il me parut fâché de me les voir laisser. »

Sainte-Beuve se souvenait, comme de jours de fête, de tous les moments qu'il avait passés avec M. Foisset, biographe et éditeur de la *Correspondance* du président de Brosses.

Il regardait presque comme des oracles tous les jugements de M. Frantin, auteur des *Annales du moyen âge*. Il me demandait communication de toutes les lettres que je recevais de lui, et en faisait prendre copie par son secrétaire. J'ai été entre eux deux l'intermédiaire d'une enquête littéraire sur Buffon.

Jusque dans les derniers temps, il a fait échange de livres, de lettres et de cartes avec M. Auguste Nicolas.

Après ces relations, comment expliquer les soupers du vendredi, et le scandale du banquet du Vendredi-Saint?

Sainte-Beuve m'a parlé avec indignation d'un souper au gras que Béranger donna à Lamennais un Vendredi-Saint pour l'amener, au dessert, à nier la divinité de Jésus-Christ.

Plusieurs fois il me rappela, comme une chose aussi inconvenante que puérile, l'habitude que de Musset avait prise, dans sa jeunesse, de faire du Mercredi des Cendres et du Vendredi-Saint des jours de noces et de débauche.

En 1862, Gavarni proposa à Sainte-Beuve de fonder avec lui un dîner qui aurait lieu tous les quinze jours chez Magny, le restaurateur, en faveur de quelques amis. Il fut arrêté que chacun des convives paierait son écot, à raison de cinq francs par tête, sauf les vins. C'est le vendredi qu'on s'attablait. Y a-t-il eu préméditation de scandale? Je ne le pense pas. Sainte-Beuve n'était pas brave contre les convenances. Si c'est lui qui a fixé le jour, c'est afin de se délasser, le soir, des fatigues de la journée, puisque, depuis 1850, c'est le vendredi qu'il a composé l'article qu'il dictait, le samedi, à son secrétaire et envoyait ensuite à l'imprimerie.

C'est le 22 novembre 1862 que Sainte-Beuve et Gavarni inaugurèrent le souper du Vendredi avec MM. Veyne, de Chennevières, Jules et Edmond de Goncourt. Le nombre des convives s'accrut. Cette société se dispersa au bout de trois ans. Gavarni mourut le 24 novembre 1866; il fut le moins exact aux rendez-vous. Pour des raisons qu'on ignore, le souper finit par être remis au mardi, au lieu du vendredi de fondation.

Le nombre des soupeurs fut fixé à treize. C'étaient Sainte-Beuve, M. Théophile Gautier, M. Gautier son fils, MM. Edmond et Jules de Goncourt, M. Gustave Flaubert, M. Gavarni fils, M. le docteur Veyne, M. Taine, M. Charles Edmond, M. de Chennevières, M. Nefftzer, et M. Paul de Saint-Victor, élève des jésuites de Fribourg et de Rome, fils d'un ami de l'abbé de Lamennais et éditeur des *Soirées de Saint-Pétersbourg*. Plus tard, on compta encore MM. Eudore Soulié, Robin, Renan, Berthelot, Scherer, Frédéric Baudry.

Rarement la société était au complet. Quand les treize étaient réunis, Sainte-Beuve avait peur du sort jeté sur le nombre néfaste de 13. Alors il mangeait à une table séparée. Comme cet accident était dans les règles et pouvait fréquemment se renouveler, il fallut obvier à l'inconvénient de faire bande à part. Sainte-Beuve fut autorisé à amener, toutes les fois qu'on se trouverait treize, une dame de sa connaissance, qui demeurait dans le voisinage, passage du Commerce. Quoique prévenue de se tenir prête tous les vendredis, cette femme ne fut pas toujours disponible. Comment remplacer cette Minerve ? Il fut statué que, le cas échéant, l'enfant du restaurateur aurait place à table et voix au chapitre, afin de chasser les maléfices du fatal 13.

Sainte-Beuve tenait à cœur d'être l'amphitryon du prince Napoléon. Il le pressa vivement de prendre jour. Son Altesse Impériale n'était pas libre de ses soirées, et ne put disposer que du vendredi suivant, 10 avril 1868. Sainte-Beuve remarqua que ce vendredi était le Vendredi-Saint. Le prince n'y vit pas d'inconvénient. Sainte-Beuve, qui faisait gras le Vendredi-Saint, comme tous les autres vendredis, je le sais, ne retira pas son invitation. Avec un peu de tact, il eût prévu tout le scandale qu'occasionnerait un banquet offert à une altesse impériale, un Vendredi-Saint. S'il invitait un prince, c'était assurément pour qu'on le sût. Or, pour qu'on parlât de son souper, il fallait convier des personnages très flattés de passer pour des convives d'un prince : MM. Taine, About, Renan, Flaubert, Robin. C'est ce qui arriva. Mais jamais en France un souper ne fit plus de bruit, et n'excita plus d'indignation. Sainte-Beuve ne fut pas fâché de la notoriété publique donnée à ses relations avec un cousin de Sa Majesté l'Empereur; mais il est impossible qu'il n'ait point eu quelque regret d'avoir bravé toutes les bienséances de la société. Il est certain qu'il n'a pas recommencé, et que, le Vendredi-Saint de l'année suivante, il s'est astreint au maigre, contrairement à ses habitudes. Il est certain qu'il avait si peu prémédité un scandale qu'il avait eu l'attention de commander un service suffisant de plats maigres pour ceux qui répugneraient à faire gras à ce fameux souper du Vendredi-Saint; aussi trois des convives se contentèrent-ils de ce régime qui ne leur fut pas très fatal.

La jeunesse, partout républicaine et plus ou moins irréligieuse, a si bien deviné que Sainte-Beuve était plus près de l'autel et du trône qu'il ne le pensait et professait, qu'elle lui a été antipathique dans toutes les circonstances où elle a eu le temps de faire une manifestation.

A Lausanne, Sainte-Beuve n'a d'abord rencontré que des figures hostiles; malgré l'intérêt et la variété de ses leçons, il désespéra de captiver son auditoire. La froideur permanente d'une jeunesse de plus en plus rare l'a ramené à Paris.

Quand il arriva à Liège, tous les jeunes gens s'étaient donné le mot d'ordre pour lui faire un charivari exemplaire. Prévenue à temps, l'autorité prit ses mesures pour intimider et arrêter les tapageurs.

La présence d'un ministre permit à Sainte-Beuve de lire son discours dans le silence le plus profond, mais le plus glacial. Devant les menaces de la prison et d'un jugement, la jeunesse se tint à l'écart, et s'éloigna si respectueusement de la leçon, que le professeur prévit le jour où il pérorerait pour des bancs vides. Les quelques rares auditeurs qui lui restèrent fidèles ne lui témoignaient aucune sympathie, et le virent partir sans regret.

Excités par les articles de Rigault dans les *Débats*, de Pelletan dans le *Siècle*, les élèves de toutes les écoles avaient envahi la salle et rempli les cours du Collège de France, au moment où Sainte-Beuve prit possession de sa chaire de professeur. A peine put-il faire entendre quelques paroles et feuilleter son manuscrit. Trépignements de pieds, sourds murmures, cris aigus, couvraient sa voix. Avec un mot pour rire, un de ces mots de Maury qu'il rappelait si souvent, il eût ramené son auditoire. Il se fâcha et demanda si l'on était aux Funambules. On lui répondit impertinemment qu'il était le Paillasse. Pour le coup, il n'y tint plus, et s'écria : « Vous déshonorez la jeunesse française. » A cette injure, on lui répliqua par toutes les grossièretés d'usage. On le traita de jésuite, de républicain parjure, de journaliste vendu. De l'*ut* les voix s'élevèrent jusqu'au *si*. On lui jeta des gros sous jusqu'au pied de l'amphithéâtre. Le charivari fut des plus complets. Donc la leçon fut interrompue au milieu des huées. Une répétition de leçon fut aussi tumultueuse; les sergents de ville arrêtèrent les plus zélés, et parvinrent à rétablir l'ordre. Sainte-Beuve eut honte de professer avec le concours d'un commissaire de police. Il choisit un suppléant.

Toute opposition était impossible à l'École normale. Est-ce inconséquence de sa part ? Est-ce désespoir de ne rencontrer dans la jeunesse ni l'ardeur, ni l'enthousiasme, qu'on ne marchande pas à tant de rhéteurs à la Sorbonne et au Collège de France? Un jour Sainte-Beuve crut devoir résigner ses fonctions de maître de conférences. Quelqu'un de fort impartial et parfaitement renseigné m'apprit que Sainte-Beuve n'a laissé aucun regret à l'École normale.

Au contraire, MM. Barbey d'Aurevilly et Louis Veuillot ont eu pour Sainte-Beuve une indulgence dont il leur savait gré. M. Auguste Nicolas est tout prêt à donner, soit dans un article du *Correspondant*, soit dans un ouvrage spécial, des témoignages aussi nombreux que favorables au Christianisme, d'après les notes qu'il a prises en lisant attentivement les ouvrages de Sainte-Beuve.

C'est chez les ecclésiastiques que Sainte-Beuve a compté les lecteurs les plus fanatiques; à propos de tout, même dans une vie de saint, ils ont couru au-devant de toutes les occasions de le citer et de le louer. Il est digne de remarque qu'il a été nommé officier de l'ordre impérial de la Légion d'honneur en même temps que Mgr Sibour, archevêque de Paris, et l'abbé Deguerry, curé de la Madeleine.

C'est dans les salons indifférents, mais plus favorables qu'hostiles au Christianisme, que Sainte-Beuve a eu le plus de souscripteurs.

III

Suivant qu'il s'est plus ou moins rapproché ou éloigné du Christianisme, il a pu comprendre, sur le tirage de ses *Causeries*, en quoi consiste la vraie popularité d'un écrivain.

Ainsi, la librairie Hachette a été forcée de mettre *Port-Royal* à un rabais honteux. L'ouvrage sur Chateaubriand n'a eu aucun succès. Au contraire, les *Causeries du lundi* ont fait un événement depuis le premier jusqu'au quinzième et dernier volume. Il s'est vendu plus de 15,000 exemplaires au commencement; la vogue a peu diminué sur la fin et a satisfait les éditeurs. Les *Nouveaux Lundis* ouvrent une période de réaction et de chute de plus en plus évidente. On a eu mille peines à placer 6,000 exemplaires des tomes I et II; les tomes III et IV n'ont trouvé que 4,000 fidèles. En présence de ce déchet, il a fallu se borner à un tirage de 2,000. Encore un manifeste au Sénat, et Sainte-Beuve n'aurait plus eu de lecteurs, et il aurait traité avec un éditeur à des conditions peu avantageuses.

Depuis la mort de Sainte-Beuve, M. Troubat n'a pu trouver que 1,000 francs de la vente de la propriété de chacun des volumes qu'il a publiés ou réimprimés.

Sainte-Beuve a eu plus de succès que tous les critiques, parce que, tout en ne satisfaisant personne, il plaisait à tout le monde, en restant dans la moyenne des esprits. Abeille littéraire, il ne voyait et ne louait que le côté littéraire des livres ; il était incapable d'en apprécier la valeur dogmatique. Sa réserve, qui cachait la pauvreté de sa raison, a été la seule cause de son abstention de toute attaque contre le Christianisme.

Il n'entrait ni dans sa nature, ni dans ses goûts, d'ergoter contre le Christianisme et de s'aliéner le clergé. Il n'aurait pas non plus osé jeter la pierre au Protestantisme. Malgré l'attrait qu'il avait conservé pour le xvie siècle, malgré toute la confiance qu'il voulait bien me témoigner pour mes jugements littéraires, je n'ai jamais pu l'amener à lire Audin. Le nom seul de Luther, de Calvin, d'Henri VIII, lui faisait peur. Il craignait de se brûler les doigts en touchant à ces figures.

Par son article sur le président de Brosses, Sainte-Beuve s'est brouillé avec les amis de Voltaire. Il en connaissait à peine quelques ouvrages; l'ensemble des *Œuvres complètes* ne l'a jamais attiré. « Son impiété, me disait-il un jour, m'a toujours révolté et degoûté. J'ai essayé, une fois, d'étudier sa *Correspondance*; ses perpétuelles contradictions sur les hommes et les choses ont lassé ma patience; sa mauvaise foi et toutes les passions auxquelles il s'abandonne m'ont repoussé; il m'a été impossible de le suivre une fois qu'il n'a plus d'autre préoccupation que d'attaquer la religion et de la traiter d'*infâme*. » Il savait sur Voltaire beaucoup d'anecdotes qui n'ont pas été écrites, et qu'il tenait de bonne source. La plus remarquable est celle-ci, qu'il m'a racontée à diverses reprises : « Un avocat de Besançon avait souvent plaidé pour Voltaire. Un jour il se présente à Ferney avec son fils. Dès qu'il est en présence de Voltaire, il lui dit : « Voici mon « enfant, je l'ai élevé dans l'adoration de votre gé- « nie. Tout jeune qu'il est, il a dévoré tous les vo- « lumes que vous avez publiés. » L'adulation était forte, mais pas fine. Voltaire répondit avec son humeur ordinaire : « Vous auriez mieux fait « de lui apprendre le catéchisme. »

Sainte-Beuve a été le premier à attirer l'attention des critiques sur les *Chansons* de Béranger, et à contrôler un succès de longue date. « Il est jaloux

de toutes les supériorités, m'avouait-il un jour. Il
ne répond que par des injures aux flatteries de ses
courtisans. Ils sont si aveugles qu'ils restent tous
sa dupe. Il s'ingénie à trouver un mot qui puisse
les ridiculiser. Ainsi il n'appelle Cousin que le valet
de Platon. Il en est de même de quiconque est
assidu à grossir sa popularité. »

Ennemi de la controverse religieuse, Sainte-
Beuve avait en horreur toute manifestation d'impiété et de secte philosophique. L'homme dont il
s'est moqué le plus ouvertement, et qu'il a le plus
tourné en ridicule, c'est le philosophe Cousin, qui
probablement le lui rendait bien. Cependant ils se
saluaient et échangeaient quelques paroles à la première rencontre. Mais le dialogue se réduisait perpétuellement à la même question, suivie de la
même réponse. Sainte-Beuve aimait les livres, mais
comme matériaux et outils d'articles. Cousin adorait les livres pour les livres, et surtout pour la re-
liure. Or, Sainte-Beuve apostrophait ainsi Cousin :
« Vous dites donc qu'il n'y a que quatre bons re-
lieurs à Paris ? » Cousin répondait affirmativement.
Après ce oui, on se séparait avec un profond salut.

Sainte-Beuve était intarissable sur Cousin; il
grimait admirablement sa démarche précipitée, son
regard effaré, sa parole brusque, et surtout le geste
de ses bras sans cesse en mouvement comme les
anciens télégraphes. « Voyez un peu, disait-il,

comme il porte la tête haut; il a l'air de se perdre dans la contemplation du ciel; il oublie toujours que ses pieds touchent la terre et que la boue a sali ses bottes. » Sainte-Beuve recueillait tous les mots, pour ne pas dire toutes les bêtises et les inconséquences de Cousin. Il me serait impossible d'oublier ce mot dit hautement, solennellement, par Cousin, à la fin d'un repas plus abondant en paroles qu'en plats : « Surtout, mon cher Labitte, n'oublions jamais que nous sommes des cuistres. »

Un jour Sainte-Beuve fut invité à souper à l'archevêché. Il en fut très flatté et encore plus embarrassé. Il s'imagina que cette prévenance avait été suggérée par Mgr Gerbet, et qu'il allait se trouver à côté ou en face de plusieurs évêques qui lui joueraient le tour de l'interroger sur ses convictions secrètes et publiques. Dans la crainte d'être pulvérisé dans une controverse, il n'accepta pas. Quelque temps après, il fut bien étonné, en apprenant que le banquet, de trente à quarante personnes, n'avait aucun caractère religieux; à l'exception d'un prêtre, il n'y avait que des écrivains plus ou moins célèbres, mais nullement ultramontains. M. Buloz n'aurait pas fait un autre choix. Puis le dîner fut excellent. Désabusé, Sainte-Beuve regretta son abstention, car il aurait eu pour convives M. Nisard et M. Babinet.

L'archevêque de Paris avait fait les avances.

Sainte-Beuve, qui saluait toujours le premier, et qui a été un modèle d'urbanité, et probablement le plus poli des écrivains et des journalistes, était obligé de motiver son abstention. Aussi, la première fois qu'il aperçut Mgr Sibour dans le salon de M. Fould, il courut le saluer, le remercia de ses égards et lui fit cette profession de foi : « Vous n'aurez jamais à vous plaindre de moi. Je ne suis point comme M. Cousin qui vous recherche, vous caresse dans votre palais, et fait ensuite du prosélytisme dans la jeunesse et travaille à vous·enlever des ouailles. Pour moi, je ne m'occupe de personne et me contente de rester à l'écart, dans mon petit coin. »

Sans rien ni admettre, ni discuter, ni nier, Sainte-Beuve a passé toute sa vie à échapper à tout dogme, à tout système, soit dans ses articles, soit dans ses entretiens. Il en fut des idées comme des personnes ; il se prêtait à tout, mais ne se donnait à rien. A-t-il trompé personne ? Ce n'est pas probable.

Devant ce vide de toute pensée, peut-on dire que la religion a perdu beaucoup quand Sainte-Beuve lui a refusé la dernière lueur de son intelligence ? Il a laissé son corps aux libres-penseurs. Qu'ils le gardent !

LE CITOYEN

I

Sainte-Beuve n'a jamais eu rien de bien nouveau, de bien pressant, de bien dangereux, à révéler au public. Plus sage et plus prudent que la sacrée Congrégation des rites, qui n'exige que cinquante ans pour décider de la canonisation de tous les catholiques morts en odeur de sainteté, il a passé la plus grande partie de sa vie à faire, à défaire, à refaire la monographie de tous les gens plus ou moins célèbres, enterrés depuis cent, deux cents ou trois cents ans; tout son génie se réduisait à trouver une matière à révision dans un imperceptible incident échappé à ses devanciers. Il confirmait, justifiait plus qu'il ne cassait, les opinions reçues. Il modifiait ses jugements aussi souvent que le demandait la versatilité ou l'engouement de la mode. Aussi a-t-il émis trois avis différents sur *Télémaque*, le plus inoffensif des livres classiques.

Quand un coup de vent le chassait des cimetiéres de l'histoire ancienne et le forçait d'émigrer au milieu de ses contemporains, son instinct de vampire le conduisait vers toutes les réputations élevées, nourries, engraissées, truffées par la critique moderne. Alors il daignait approuver et développer tous les motifs de l'adulation des partis et sanctionner tous les intérêts d'écoles. Quand vint le temps où il fallait rabattre sur les préjugés et les illusions, il préféra le silence au paradoxe. Au moment où on se flattait de le tenir et de le mettre dans une cage dorée pour le régaler des légers papillons et des gentilles demoiselles de la Librairie nouvelle, il s'envolait à perte de vue, et l'on apprenait, longtemps, oui, fort longtemps après, qu'il avait flairé le tombeau de Virgile, et qu'il veillait, comme une chouette, les ailes déployées, sur les cendres de Port-Royal. Partant, les libéraux auraient mauvaise grâce à le revendiquer comme un adepte occulte : il a toujours cru et confessé que la France ouissait d'une dose suffisante de liberté de la presse, puisqu'il n'a jamais rencontré d'obstacle pour son babil des *Causeries du Lundi*, auxquelles il s'était voué ou condamné, à la face du monde, comme il serait entré en religion ou aurait renouvelé le vœu de saint Liguori de ne pas perdre de temps.

L'exactitude de la copie fut la seule ligne politique à laquelle il ait été constamment fidèle. Il restera un modèle du genre.

Sous le règne de Louis-Philippe, il était d'assez bon ton de refuser une décoration.

Ayant été, en même temps que MM. Libri, Ballanche, Paulin Pâris, Charles Texier, Gustave de Beaumont, Alexis de Tocqueville, couché dans les colonnes du *Moniteur*, du 7 juin 1837, et du *Journal général de l'Instruction publique*, du 11 juin suivant, en vertu d'un décret, du 2 juin, signé du roi, sur la proposition de M. de Salvandy, ministre de l'instruction publique et des cultes, Sainte-Beuve s'imaginait qu'il n'était pas le moins du monde chevalier de la Légion d'honneur, et il avait l'air de se fâcher sérieusement quand on lui donnait ce titre. Il s'était mis dans la tête, et il répétait à satiété, que c'était M. Thiers qui l'avait nommé à son insu et malgré lui. Il a même écrit cette note : « M. Villemain, ministre, voulut à cause de ma réception à l'Académie, me forcer à recevoir et à porter la croix. Je refusai et lui envoyai ma démission de fonctionnaire. Personne n'a jamais rien su de ce refus. » Cette modestie s'élève jusqu'au comique devant l'insertion des deux journaux officiels du gouvernement.

Critique régulier d'un journal subventionné par l'Empire, il reçut, un soir, l'avis qu'il venait d'être nommé officier de l'ordre impérial de la Légion d'honneur, sur la proposition de M. Fortoul, ministre de l'instruction publique et des cultes, en vertu d'un décret, du 12 août 1853, qui fut mentionné dans le *Moniteur*, du 15 août suivant. Immédiatement, il court chez le ministre contresignataire, et il avoue qu'il n'a jamais retiré son brevet de chevalier. On compulse le *Moniteur*, on y trouve l'insertion du premier grade. Cette mention suffit pour la règle ; dès lors la difficulté était vaincue sans grande peine. L'ordonnance de la nouvelle promotion était signée et contresignée ; il n'y avait pas moyen de biffer ces deux formalités. Sainte-Beuve se coucha donc officier de la Légion d'honneur. Mais la gouvernante tenait la caisse et ne voulait pas payer la nouvelle croix et la feuille officielle ; il fallut trois mois de querelles, d'explications, de raisons, pour la décider à lâcher cinquante francs afin de retirer le brevet fatal, avant l'invitation de passer à la chancellerie du palais de la Légion d'honneur.

Sainte-Beuve allait aux Tuileries, dans plusieurs ministères et même à l'Hôtel de Ville. Il est d'étiquette de s'y présenter avec le ruban ou la rosette. Donc Sainte-Beuve fit l'acquisition d'une rosette d'officier, au prix de soixante quinze centimes ;

il la déposait soigneusement dans une boîte de carton qui valait au plus cinq centimes. Dès qu'il avait une visite officielle à exécuter, il prenait sa boîte verte à rosette, la cachait dans sa poche, et, au moment d'entrer dans les salons où il avait affaire, il retirait le plus adroitement possible la rosette de sa boîte et il s'en décorait. En sortant, à peine avait-il tourné le dos à la loge du concierge, qu'il se hâtait d'ôter la rosette de sa boutonnière, de la fourrer dans sa boîte, puis de glisser ladite boîte dans une poche. Il aurait fallu être somnambule pour deviner dans quel coin il cachait chez lui cette boîte verte.

Sa plume était trop féconde pour qu'il ne méritât pas de l'avancement. Dès que le temps prescrit par les règlements fut arrivé, il fut élevé au grade de commandeur de l'ordre impérial de la Légion d'honneur, suivant un décret du 11 août 1859, inséré dans le *Moniteur*, du 14 août, et signé sur la proposition de M. Rouland, ministre de l'instruction publique et des cultes. Il n'y avait pas moyen de cacher ces insignes dans la petite boîte verte de cinq centimes et de se les attacher aussi secrètement qu'il faisait pour la rosette. Il fallut trouver un expédient nouveau. Grâce à un cache-nez, Sainte-Beuve parvint si habilement à placer son large ruban et sa grosse croix, qu'il aurait été difficile de deviner que les tours multipliés et les plis

ondoyants d'un cachemire avaient un autre but
que de le préserver d'un refroidissement de cou.
Je le rencontrai une fois rue Rousselet, un 31 décembre ; en me rendant mon salut, il dérangea la
position artistique de son cache-nez, et je pus distinguer un petit morceau de ruban rouge qui tran-
chait sur la blancheur de sa cravate. Je lui fis part
de ma remarque ; je le plaisantai sur ses grandeurs.
Il rougit plus qu'il n'eût fait d'une mauvaise action,
et il me dit sur le ton d'une excuse : « Je viens de
chez mon ministre, faire ma visite officielle du
jour de l'an. »

II

Suivant le ministre dont il a dépendu, soit
comme rédacteur du *Constitutionnel* ou du *Moniteur*, soit comme professeur au Collège de France
ou maître de conférences à l'École normale, il
disait toujours : *Mon ministre,* chaque fois qu'il en
parlait, c'est-à-dire assez fréquemment.

Nul ou indifférent en politique comme en religion et en philosophie, toute sa tactique se bornait
à refuser les invitations des Tuileries, puisque
l'opposition en avait fait un honneur, mais à fré-

quenter et courtiser tous les ministres influents. Jamais il ne parlait d'un personnage qui avait été ministre, qui l'était, qui avait chance de le devenir, sans lui donner du monsieur gros comme lui. Ainsi, toujours M. Thiers, M. Villemain, M. Guizot, M. Molé, M. de Falloux, M. Fortoul, M. Fould, M. Rouland. Le mot seul de ministre l'éblouissait et lui enlevait son libre arbitre ; il a toujours conservé de l'illusion sur le talent des anciens ministres du roi ; il lui aurait été impossible de les juger comme s'ils n'avaient été que des hommes de lettres. Jamais il n'aurait supposé, comme Cormenin, que le grand maître de l'Université pourrait n'être qu'un âne, bien qu'il lui fût facile de découvrir que Timon n'avait pas avancé une proposition chimérique.

Sauf M. Villemain, qui a été assez bête ou jaloux pour lui préférer tour à tour l'insignifiant Ténisez, puis Jacquinet, dans la collation d'un chaire de l'École normale qu'il ambitionnait, il n'a pas eu à se plaindre des procédés des ministres du roi à son égard. Il fut casé par M. Cousin à la Bibliothèque Mazarine. Il obtint une bonne sinécure de M. de Rémusat. M. Molé le réconcilia avec M. Thiers, qui le boudait et ne le recevait plus. M. Molé fit plus : il brisa tous les obstacles qui l'empêchaient d'être admis à l'Académie, et lui forma une majorité le jour de l'élection. Une fois réconcilié avec M. Thiers, il devint de ses familiers. M. Guizot le compta aussi au nombre de ses commensaux les plus assidus.

Écrivain du *Globe*, du *National*, de la *Revue de Paris*, de la *Revue des Deux-Mondes*, on croyait qu'il était resté un républicain occulte sous les faveurs ministérielles. Sa fuite précipitée et inexplicable, en octobre 1848, prouva que la République n'avait pas ses sympathies. Quand elle était à l'agonie et qu'il n'y avait plus de danger pour personne ni dans l'inviolabilité du domicile, ni dans la rue, il rentra paisiblement à Paris, parce qu'il n'y avait pas moyen d'avoir la moindre peur. Le baromètre était au beau fixe pour tous les esprits. C'était en septembre 1849. Il s'était démis, avant de se réfugier en Belgique, de sa place de bibliothécaire, qu'il occupa de 1840 à 1848.

Il se hasarda à sortir en plein jour ; il se rendit aux *Débats* et mit sa plume au service de ce journal. Mais la rédaction était au grand complet ; on le remercia de son concours, et on l'engagea à se présenter au *Constitutionnel* ; il y fut agréé immédiatement. Il eut occasion d'y revoir M. Thiers plusieurs fois ; il méditait le mot que M. Thiers répétait journellement : « L'Empire est fait, il n'y a plus qu'à le proclamer. » Rassuré sur l'avenir, il prit feu comme une étoupe, et il montra, sous l'aiguillon de M. Véron, plus de fermeté et de consistance qu’on ne lui en connaissait. M. Fortoul le mit dans le secret du coup d’État. Le succès des votes du mois de décembre le maintint dans la voie de la réaction qu’il avait choisie, ou plutôt acceptée, comme la seule possible et en même temps la plus lucrative pour lui.

Il était entré au *Constitutionnel* à raison de huit cents francs par mois ; au bout de quelque temps d’épreuve, il fut fixé à mille francs. La position était assez brillante pour un critique. Il avait été fidèle à la *Revue des Deux-Mondes*, parce que M. Buloz avait eu l’attention de continuer de lui payer tous ses articles sur le pied de deux cents francs la feuille, bien que, malgré le nombre croissant des abonnements, il eût réduit tous les rédacteurs anciens et nouveaux à cent cinquante francs la feuille. Néanmoins, Sainte-Beuve quitta, en 1852, le *Constitutionnel* pour le *Moniteur*, dans l’espoir d’une rétribution plus avantageuse. Malheureusement on ne lui alloua que deux cents francs pour chaque *causerie* ; il fut tout désappointé de cette mesure. Il lui fut impossible de se résigner au même traitement que tous les membres de l’Institut. Il aurait voulu qu’on lui assurât une pension dans le cas où il fournirait régulièrement de la copie pendant un nombre d’années convenu.

Il crut arriver à une augmentation d’émoluments en faisant craindre une désertion. C’est alors qu’il

ne cessa de parler de la fondation d'une revue;
mais il rêvait une revue impossible pour écraser
toutes les revues en vogue. Il se perdait dans des
combinaisons impraticables; il se persuadait qu'il
réunirait Louis Veuillot et Proudhon, et les extrêmes
de toutes les opinions. Il n'abordait aucun écrivain
connu sans s'assurer de sa collaboration et sans lui
commander des articles. Mais comme il restait
seul en scène, et qu'il n'était jamais question de
bailleur de fonds ni d'actions, personne ne prit au
sérieux son projet de revue.

Le *Moniteur* conserva son calme habituel et ne
jugea pas à propos de faire des concessions pour
éviter une rupture qui n'était ni menaçante ni probable; ce ne fut qu'au mois de janvier 1861 qu'il
se décida à payer à Sainte-Beuve trois cents francs
par article.

Il en avait été de même à la *Revue des Deux-
Mondes*, où Sainte-Beuve prétendait tout dominer,
et faire la loi. On lui accordait des avances d'argent,
mais l'on refusait toutes les augmentations qu'il
ne cessait de demander, et l'on se moquait de l'importance qu'il attachait à sa copie, quand il mena-
çait d'aller la déposer ailleurs.

Il existe une feuille périodique dont le directeur,
qui n'avait jamais reçu de lettres anonymes, en fut
accablé pendant quelques mois, à propos de tout
débutant, à l'occasion de chaque article des rédac-

teurs, soit ordinaires, soit extraordinaires. Chacune de ces lettres renfermait un blâme contre la rédaction, et finissait par un éloge de Sainte-Beuve dont la supériorité d'érudition et de talent était affirmée. Impossible de deviner d'où partaient ces notes, car elles étaient écrites en lettres romaines. Le directeur garda tout, et n'en parla à personne. Un jour, Sainte-Beuve arrive et récite, malheureusement, la dernière lettre anonyme qu'on avait lue. Le directeur ne manqua pas de lui reprocher la bassesse de son procédé. La preuve que Sainte-Beuve était réellement coupable, c'est que, depuis cette mercuriale, il n'arriva plus rien. Toutes ces lettres anonymes sont encore conservées. La réimpression de la *Chronique Parisienne* en Suisse prouve combien Sainte-Beuve s'est compromis et condamné en déblatérant contre le jésuitisme. Ainsi, il ne répugnait point à faire dans la presse *le Pour et le Contre*, en même temps.

Pendant que le *Moniteur* se contentait de le laisser dire et faire tout ce qu'il jugeait utile à ses intérêts, le *Constitutionnel* offrit à Sainte-Beuve, par ordre d'un ministre, trois cents francs pour chaque article; les entrefilets devaient être payés sur cette échelle de proportion. Sainte-Beuve, n'ayant pas de traité avec le *Moniteur*, fut heureux de rentrer dans le giron du *Constitutionnel*, en septembre 1861. Depuis, il a fini par passer au *Temps*, avec un traité de deux cent cinquante francs pour chaque article, et par se réconcilier avec la *Revue des Deux-Mondes,* qu'il avait laissée sans copie depuis un temps infini, et qui avait triplé le nombre de ses abonnements pendant son émigration au *Constitutionnel* et au *Moniteur.* Ainsi, il se donnait au plus offrant et dernier enchérisseur, sans tenir compte du passé, ni des idées. Du reste, sa collaboration dans n'importe quelle feuille était à peu près nulle pour les actionnaires. Sa présence n'influait pas plus que son départ sur les abonnements; le *Constitutionnel* vendait seulement 150 numéros de plus que les autres jours, tous les *Lundis* de Sainte-Beuve. On se souvient que le lendemain de chacune des *Causeries du lundi,* ou d'un simple entrefilet, il ne manquait pas de venir réclamer le prix de sa livraison ordinaire ou extraordinaire.

Homme d'un ministre, Sainte-Beuve se prêtait à la politique, mais il ne se donnait pas, suivant sa nature. Il a paru écrire, par ordre, contre bien des personnages connus. Son énergie n'était, au fond, que de la fantaisie, ou une rancune qui n'avait pas pu percer plus tôt. Il a eu l'air de prendre l'opposition aux cheveux; mais il choisissait avec précaution son ennemi, l'ennemi désarmé, l'ennemi destitué, l'ennemi un peu dépopularisé. Il s'est fait une fois l'écho de la réaction contre M. Lamartine, qui avait perdu tout son prestige sur les masses et qu'il ne rencontrait nulle part ; mais il n'a pas été aussi brave sur le compte de M. Villemain, dont il redoutait le caractère ombrageux à l'Académie. Il a constamment refusé d'étudier les volumineuses productions de Victor Hugo.

III

S'il arrivait à Sainte-Beuve de sévir contre les partis déchus, il se faisait un point de conscience de ménager les chefs. Il a fréquemment répété, avant de l'écrire, cet aveu que Chateaubriand fit à Lamennais, dans un moment de mauvaise humeur, sur la légitimité : « Au fond, je pense comme vous, mais je ne puis me débarrasser de cette charogne-là. » Il ne croyait pas aux convictions royalistes de Berryer, et il le regardait comme un parfait comédien. « Je suis allé maintes fois chez lui, disait-il, pour lui demander tous les documents et les discours qui m'étaient indispensables pour faire son portrait. Chaque fois il me répondait que tous ses journaux étaient à la campagne et qu'il allait les faire venir. Je les attends encore. »

C'était une dispute perpétuelle que toutes ses rencontres avec Cousin. Grâce à son parapluie, il s’est vengé un jour de toutes les injustices de M. Villemain. Il se plaignait amèrement du procédé de M. Guizot, qui ne lui rendait pas son salut et lui tournait cavalièrement le dos, quand, à l’Académie, ils se trouvaient ensemble près du foyer. Il n’oubliait rien; mais il n’osa jamais écrire toute sa pensée sur MM. Guizot, Cousin et Villemain.

Il quittait tout pour une invitation du duc Pasquier, et il regardait ses soupers comme une bonne fortune. S’il l’estimait peu, il l’exploitait admirablement pour ses travaux. C’est de lui qu’il tenait, sur la fin du dernier siècle et sur le commencement de celui-ci, tous les bons mots et les anecdotes piquantes qui font le charme de la conversation, bien qu’on recule quand il faut les écrire pour le public. Sainte-Beuve aurait pu compléter et continuer Bachaumont d’une façon plus utile pour l’histoire, qu’il ne le faisait timidement dans ses *Causeries du Lundi*.

Ses relations avec le prince Napoléon ont été tardives et durables. Il était assidu et paraissait trôner, le dimanche, dans le salon de la princesse Mathilde. Il était assez fier de la recevoir, le jeudi, dans sa modeste maison; il la courtisait à cause de la grande influence qu’elle avait sur la collation des grosses sinécures. Quand il fut satisfait et n’eut plus rien à demander, il fit comme les autres lettrés qu’elle avait contribué à faire sénateurs, il se relâcha ; son zèle se ralentit et tourna à la tiédeur. On l'a vu quelquefois dans les soirées de l'Hôtel de Ville.

Journaliste hebdomadaire et richement rétribué des journaux de l'Empire, il était tout naturel qu'il fût invité aux réceptions des Tuileries. Il a néanmoins prétexté, tantôt ses infirmités, tantôt ses occupations, pour en être régulièrement dispensé : car il n'aimait pas l'étiquette, et encore moins le costume qu'il traînait plutôt qu'il ne le portait. Les ministres et les directeurs des feuilles officielles lui ont demandé un article sur le *César* de l'Empereur; il les a toujours ajournés, sans pouvoir motiver son refus.

Il allait aux Tuileries, et même fréquemment, mais uniquement pour causer avec M. Mocquart, et lui arracher finement tous les secrets du cabinet dont il aurait pu avoir besoin plus tard pour parfaire quelque portrait. Aussi a-t-il été au courant de toutes les lettres adressées au château par tous les fanfarons de l'opposition.

Homme des ministres plus que du cabinet, il ne manquait aucun des soupers officiels. Esclave du succès politique comme du succès littéraire, il a suivi, sans approuver ni improuver, tous les ministres, suivant qu'ils ont avancé ou reculé sur les questions religieuses, et retenu ou lâché la bride de la liberté de la presse.

Indifférent à la suppression de la *Revue de Paris,*

de l'*Assemblée nationale*, de l'*Univers*, il tenait seulement à se créer le moins d'ennemis possibles. Il regardait comme une grande habileté de n'avoir jamais eu d'article refusé nulle part, ni même reçu à corrections. « Je tiens uniquement, avouait-il, à gagner honnêtement ma vie. »

Homme de cabinet et non d'action, ennemi juré des controverses comme des barricades, il a vu sans le moindre déplaisir toutes les mesures prises pour réprimer et contenir l'anarchie. Il eût fait volontiers sa devise de cette maxime de M. Fould : « Nous ne voulons pas d'opposition. » Il riait de la malice qu'avait eue M. Fould, de laisser faire trois quarts d'heure d'antichambre à M. Armand Bertin, qui avait si souvent imposé la loi au roi. Il riait encore comme d'un excellent tour, chaque fois qu'il rappelait l'indifférence glaciale que M. Fould témoigna à la tardive visite d'adhésion de M. Buloz, désespéré d'avoir perdu un grand nombre d'abonnements et plein d'appréhension sur l'annonce d'une nouvelle revue.

Dans l'ivresse du repos que l'énergie des premiers ministres semblait lui assurer pour la vie, il comparait l'Empire à un triangle dont les trois côtés, représentés par le clergé, l'armée et le peuple, pour lesquels l'Empereur se proposait de faire tout ce qu'il pourrait, n'avaient rien à redouter de la bourgeoise et de l'opposition, qui restait pacée entre trois feux.

Plus tard, bien tard, à l'heure où il était préoccupé de faire ou refaire son testament, il a eu l'audace de mettre le pied dans la voie des concessions. Mais il avait été dévancé par plusieurs cabinets ; mais il était sénateur inamovible ; mais il avait un traité avantageux avec la presse et la librairie millionnaires ; mais il n'était que l'écho d'un prince. Cette précocité n'exposait ni à l'exil ni au martyre.

V

Courtisan de tous les ministres, il n'aurait pas été étrange qu'il jouît de quelque crédit. Il ne fut pas fâché d'avoir la réputation que ses insinuations et ses recommandations portaient coup.

On me soutient que c'est par suite de ses insinuations que M. de Persigny, ministre de l'intérieur, a intimé à M. Grandguillot la défense de continuer d'accepter, dans le *Pays*, les articles de M. Barbey d'Aurevilly. Sainte-Beuve a nié publiquement sa participation à cette mesure ; il n'avait qu'un mot à dire pour faire révoquer l'ordre ministériel ; il n'a pas tenté une démarche dont le succès était indubitable, puisque, même plusieurs années après, M. de Persigny, non seulement n'avait lu aucun article, mais ne connaissait pas même le nom de M. Barbey d'Aurevilly. C'est par M. Nisard que M. de Persigny a su un jour comment s'écrivait le nom de M. Barbey d'Aurevilly et dans quels journaux M. Barbey d'Aurevilly avait régulièrement fourni de la copie depuis longtemps.

Il est vrai qu'à ce sujet M. Troubat, le dernier des secrétaires de Sainte-Beuve, a écrit, en novembre 1872, dans différents journaux : « J'affirme que Sainte-Beuve a été absolument étranger à la destitution de M. de Laprade, mais encore à la suppression des articles de M. Barbey d'Aurevilly dans le *Pays*. Le *Pays* était alors dirigé par M. de Polignac, gendre de M. Mirès, et le meilleur traducteur en vers français du *Faust ;* c'est du moins l'opinion d'un des professeurs d'allemand les plus estimés de nos lycées de Paris. Le coup qui a frappé M. Barbey d'Aurevilly part uniquement du prince de Polignac lui-même, qui ne put supporter la lecture d'un article sur Gœthe inséré par M. Barbey d'Aurevilly dans le *Pays*. » Pour moi, j'affirme que, ne recherchant que la vérité, j'ai écrit sous la dictée d'un écrivain mieux informé que M. Troubat. J'affirme encore que je n'ai reçu aucune réponse de M. Grandguillot, depuis que je lui ai envoyé l'affirmation de M. Troubat et mon assertion, en l'avertissant que je regarderais son silence comme la confirmation de mon témoignage. J'affirme enfin que M. Grandguillotest celui qui connaît le mieux la vérité sur cet incident, et que j'accepterai son démenti partout où il jugera à propos de le donner.

M. Laprade convient maintenant que ce n'est pas à Sainte-Beuve qu'il faut attribuer sa destitution de professeur de la Faculté des lettres à Lyon. Sainte-Beuve en fut généralement accusé en temps opportun.

Jusque-là, il avait rarement manqué une séance de l'Académie. Alors, on le soupçonna de jouer un rôle peu honorable; toute sa conduite fut examinée, et l'on se demanda si l'on avait le droit de l'exclure de l'Académie, ou si on le prierait de ne plus déshonorer les séances de sa présence. On délibérait, quand il entra. M. Dupin fut le seul qui lui rendit salut pour salut; les autres collègues ne lui témoignèrent que du mépris et s'éloignèrent de lui pour l'isoler de tout entretien. Sainte-Beuve comprit ce que cette leçon avait de pathétique; on ne le revit guère que les jours d'élection.

V

Perpétuellement penché sur les livres, il est resté aussi indolent et égoïste que la plupart des hommes célèbres et puissants de son âge. Aveuglé par un bonheur constant, il fut prévenu en tout temps et n'eut rien à demander pour lui; mais il ne comprit jamais la grandeur qu'il y a à solliciter pour les autres. Il était aussi impuissant à faire une position qu'une réputation.

Je sais de bonne source qu'il a refusé une recommandation pour l'administration du télégraphe, à M. Lacaussade, qui a été son premier secrétaire pendant sept ans, et qu'il a choisi pour exécuteur testamentaire dans tous les testaments qu'il a faits. Il a refusé à M. Octave Lacroix, qui était son secrétaire, de dire un mot à M. Édouard Thierry pour faire accélérer le jour de la représentation d'une pièce reçue à la Comédie-Française.

On avait cru lui plaire en agréant au *Pays* de la copie de M. Octave Lacroix, et en la payant plus cher que celle de M. Barbey d'Aurevilly; il desservit si bien son jeune disciple, que les articles de ce dernier furent depuis refusés. Il était sénateur, lorsque je lui demandai une apostille insignifiante pour un ministère où il devait avoir le bras long; il me l'a refusée.

Toute sa générosité s'est bornée, sur la fin de sa carrière, à empêcher ou à réparer des destitutions qui n'ont aucune valeur pour l'histoire littéraire de l'Empire.

Mais il était moins timide pour solliciter des secours. Je tiens de lui que, sur sa prière, M. Fould accorda un secours de 160 francs à une pauvre femme de la rue du Mont-Parnasse. Je tiens encore de lui qu'un romancier, qu'il recommanda à M. Fould, reçut, sous prétexte de mission, une gratification de 6,000 francs; le protégé reconnaissant crut devoir donner son portrait à son protecteur, qui le plaça dans son salon; mais, plus tard, Sainte-Beuve changea d'opinion sur le jeune écrivain; alors le modeste portrait fut relégué dans la pièce la moins décente du logis.

Un poète juif et allemand, M. Wihl, désire que tout le monde sache que, sur les instances de Sainte-Beuve, il a obtenu des encouragements solides et satisfaisants du ministre de l'instruction publique; malheureusement pour lui, la générosité d'un ministre a été anéantie par la décision d'un autre ministre peu dévot à Sainte-Beuve.

On nomme un artiste qui fut décoré sur la prière de Sainte-Beuve. Il demanda aussi la croix pour

Octave Lacroix. Si M. Lacroix l'obtint, il est probable que c'était la récompense des articles qu'il avait consacrés à M. Duruy, ministre peu gâté par la presse. Ce qui porte à penser que M. Duruy n'a pas été déterminé par une requête, c'est qu'il n'hésita pas à destituer, sans motif, M. Lacaussade, bibliothécaire du ministère de l'instruction publique; Sainte-Beuve eut beau se plaindre, même publiquement, M. Duruy ne revint pas sur sa démarche et ne dédommagea point M. Lacaussade.

Si Sainte-Beuve a peu obtenu, c'est qu'il répugnait à demander. Quand M. Octave Lacroix l'eut quitté, il m'en parlait assez souvent en ces termes : « Je vois bien qu'il lui faudrait une place; mais, mais... » Je ne loue pas sa réserve, qui, sur ce point, concorde si bien avec toute sa vie; mais je me garderai bien de lui en faire un crime énorme, car sa sécheresse est très commune chez tous les gens arrivés à leur but. Nos relations ont été longues et intimes, précisément parce que je n'avais rien à attendre de sa part et que notre commerce est resté purement littéraire.

Comme Sainte-Beuve n'importunait pas le ministère de ses recommandations, il fallut songer à prévenir ses désirs et récompenser ses habitudes de courtisan.

La grande réputation qu'avaient acquise et conservée, depuis leurs leçons à la Sorbonne,

MM. Guizot, Cousin et Villemain, avait toujours excité chez Sainte-Beuve l'envie d'occuper une chaire à la Faculté. Il ne s'était pas résigné au dédain de M. Villemain.

L'occasion d'accepter et de se montrer en public devant la jeunesse de Paris s'étant enfin présentée, il se prépara à briller au Collège de France, en 1854. Mais, au lieu de la gloire qu'il avait appelée de tous ses vœux, depuis un temps infini, il ne trouva que des avanies. Il conserva une rancune exemplaire contre l'autorité, qui n'avait rien imaginé pour prévenir sa chute ni réparer son échec. Abandonné aux ressources de son esprit, il se fâcha plus que de raison et ne sut pas désarmer par quelques paroles gaies l'auditoire formidable qui était en pleine révolte devant la chaire. S'il y avait eu des arrestations et des condamnations, comme il arriva peu de temps après à la Sorbonne, pour le cours de M. Nisard, il n'aurait pas improuvé le concours des commissaires et des sergents de ville. Il aurait, probablement, comme fit M. Nisard, demandé grâce pour les émeutiers.

En attendant, il eût pu cultiver l'art de bien parler.

Une leçon ne changeait rien à ses habitudes; c'était seulement l'épreuve orale d'un article. Il avait donc toutes les raisons du monde pour tâter du métier de professeur.

Malheureusement, l’autorité ne crut pas devoir mettre toutes les troupes sur pied pour empêcher quelques centaines de jeunes gens de siffler, de crier, de chanter, dans l’enceinte du Collège de France. Aucun journal ne se donna la peine de flétrir cet attentat à la liberté. Les ministres dédaignèrent de dénoncer cet accident au cabinet et de demander un ordre du jour. L’Empereur a dû ignorer la cause de la démission de Sainte-Beuve.

Mais, à l’Académie, M. Guizot lui fit un compliment de condoléance, et, depuis, ils ont échangé de temps en temps quelques paroles. Tous les autres académiciens essayèrent aussi de s’apitoyer sur sa déconfiture et de lui faire oublier sa journée des barricades. C’est le seul dédommagement qu’il reçut dans cette circonstance.

Il perdait une place de 5,700 francs. Il avait tenu à être professeur. Le ministre trouva moyen de le caser, en 1857, à l’École normale, où tout danger était impossible. D’ailleurs, c’était une espèce d’avancement, puisque la position de maître de conférences valait 7,000 francs.

Pour le coup, Sainte-Beuve prit ses devoirs à cœur.

Comme il n’était pas obligé d’improviser et de déclamer, et qu’il pouvait se borner à lire sa leçon, il s’ingénia a flûter ou grossir sa voix un peu sourde, traînante et inflexible aux divers tons du discours.

Il passa des heures entières à bien grouper devant lui tous ses fauteuils, et, les saluant et les envisageant comme messieurs les élèves, il leur lisait respectueusement depuis la première jusqu'à la dernière ligne de sa leçon. De la répétition de sa chambre à la représentation de la salle, la différence était peu sensible. Les élèves restaient naturellement aussi silencieux et attentifs que les fauteuils. En qualité de directeur de l'École normale, M. Nisard avait bien le droit d'assister à la conférence ; ce n'était qu'une figure de plus, puisqu'il ne se serait pas permis une interruption.

Sainte-Beuve, qui n'avait pas encore eu le loisir de parvenir à l'indépendance de Démosthène, prit ombrage et le pria instamment de ne pas revenir.

Cet essai, aussi infécond que les tentatives de Lausanne et de Liège, dut convaincre Sainte-Beuve qu'il avait trop bien présumé de sa bonne volonté. Au bout de quatre années d'exercice, il n'était encore qu'un lecteur des plus vulgaires ; le talent de la parole n'avait pas voulu venir, et la réputation avait suivi d'autres Chrysostômes.

VI

Avant, pendant et après ces labeurs de professeur, il ne se passait pas de saison sans que les journaux comprissent Sainte-Beuve dans la prochaine fournée de sénateurs. Chacune de ces nouvelles occasionnait des félicitations sur sa nomination tardive. Il finit par les regarder comme une injure. Il entrait dans une colère indéfinissable chaque fois que, sur l'avis de la presse, qui se croyait toujours bien informée, on s'empressait de le complimenter par anticipation, avant d'attendre le décret du *Moniteur*. Cependant, il est certain qu'il s'est laissé faire sénateur en 1865, sans grande protestation ni répugance. Tous ceux qui l'ont connu depuis sa promotion peuvent attester qu'il lui fut assez facile de s'apprivoiser avec les honneurs. Satisfait d'une dignité qui lui rapportait 30,000 francs par an, il ne dédaigna pas de cumuler une sinécure de 3,000 francs au *Journal des Savants*, en janvier 1867.

Une fois sénateur, il a bien prouvé qu'il était aussi peu impérialiste, qu'orléaniste ou légitimiste. Il serait difficile de deviner quel est le genre de

gouvernement qui allait le mieux à la nature de
son esprit. Ce qu'il y a de certain, c'est que la République n'était pas son utopie. Il se trouvait tout à
fait dépaysé dans la sphère politique; l'abstention
pouvait seule le mettre à son aise, car il répugnait à
voter oui ou non, sans phrases; il n'était point né
laconique.

Nature versatile, insaisissable, indéfinissable, il
était mûr pour tous les tâtonnements et toutes les
tergiversations d'une époque de transition qui vit
au jour le jour, sans aucun principe arrêté.

Peut-être était-il né un siècle trop tard. Suppo-
sez-le vivant dans les premières années où les encyclopédistes s'essayaient à tout critiquer et ridiculiser : il eût pris le petit collet et glissé un placet
pour obtenir le brevet d'aumônier de la Pompadour ou de la Du Barry. De tous les hommes de
cette époque de sarcasme et de licence, celui dont
il parlait le plus volontiers et avec une sorte
d'envie, c'était l'abbé de Bernis. Mais il était bien
loin de se demander si les patronnesses de la philosophie auraient, pour de meilleurs vers, donné à la
figure si peu séduisante de Sainte-Beuve la préférence sur la mine si enjouée, si pleine, si fraîche, de
Bernis.

Le règne le plus approprié à son caractère et à
son goût serait celui de Louis XVIII. Il lui ressemblait par la couronne de cheveux, le front gros

et fuyant, les joues pendantes, le menton à triple étage et l'obésité précoce. Les bosses morales étaient encore plus frappantes que les traits physiques. Tous les deux ont eu la mémoire prodigieuse des mots plus que celle des idées, l'esprit plus assimilateur que producteur, et toute la passion des commères pour les petites choses et les cancans.

Aussi Sainte-Beuve a-t-il toujours surfait l'esprit de Louis XVIII, et chaque fois qu'il en parlait, il grimait le mouvement le plus habituel de bouche du roi, qu'il devait tenir de la tradition des courtisans les plus intimes, mais les moins chastes.

Ce qu'il avait appris sur Louis XVIII, ce qu'il aimait à en rappeler, était comme la première ébauche de son propre portrait.

L'ACADÉMICIEN

I

Victor Hugo se vit préférer, en 1836, Dupaty;
en 1839, Molé; en 1840, Flourens, et ne fut reçu
à l'Académie française qu'en 1841, sur sa quatrième candidature. Le duc de Noailles fut préféré à
Balzac, qui s'était retiré pour assurer, une fois, le
triomphe de Victor Hugo.

Élu membre de l'Académie française, dès qu'il
s'y porta candidat, en 1844, Sainte-Beuve prit possession du fauteuil de Casimir Delavigne, le 27 février 1846, et fut reçu par Victor Hugo. Depuis il
fit partie de la Commission du Dictionnaire, à partir du 18 février 1847, à raison de mille francs par an.

Il se rendait régulièrement a l'Institut, le jeudi,

aux réunions ordinaires de l'Académie française,
et, le mardi, au conciliabule de la Commission du
Dictionnaire. A ces deux titres, il se faisait un revenu de trois mille francs. Son assiduité n'était pas
uniquement motivée par son zèle pour les Lettres,
car chacune de ces assemblées donne droit à la
distribution de jetons : de là vient le nom de *jeton-
nier*, créé de bonne heure pour les premiers membres de l'Académie française.

II

Si l'on en croit Sainte-Beuve, les ruses et les intrigues des cardinaux dans un conclave pour arriver
à la chaire de Saint-Pierre ne sont rien en compa-
raison de toute la politique nécessaire pour obtenir
les suffrages de l'Académie. Il croyait que le talent
y est peu apprécié, et que ce sont les relations anté-
rieures qui décident de la majorité. C'est ainsi qu'il
expliquait le succès de M. de Falloux et d'autres écrivains assez monotones. A propos d'un autre académicien assez médiocre, il me dit : « Son nom lui
suffisait, mais il craignait un échec. Il apprit que
Rachel avait quelque influence sur plusieurs membres; il n'hésita pas à aller lui faire la cour; mais,

comme il la savait saturée de compliments et insatiable d'argent, il eut soin de laisser chez elle un paquet de quarante billets de mille francs. Rachel était trop bien payée d'avance pour ne pas jouer à merveille son rôle de protectrice des Lettres; aussi son candidat triompha. »

A l'Académie, comme ailleurs, il se montra et resta l'homme des ministres. Il refusa sa voix au Père Lacordaire, dont il avait loué l'éloquence et avec lequel il avait eu les relations les plus intimes, au temps de sa jeunesse. Il fut le premier à voter en faveur de Théophile Gautier. La première fois que ce nom sortit de l'urne électorale, la *Presse* en fit honneur à Lamartine, et dit que cette voix unique valait celle de toute l'Académie. Qu'on juge de la jubilation de Sainte-Beuve! Aussi, depuis, il a toujours été fort attentif au bulletin de Lamartine, et il en signalait le ridicule, notamment à l'occasion de M. Legouvé.

Ses prophéties sur les élections académiques ont été toujours démenties par l'événement. Il aurait volontiers parié que M. Ponsard ne serait jamais reçu parmi les immortels; néanmoins M. Ponsard se présenta et passa sans difficulté. Il jurait que Jules Janin ne pouvait pas sérieusement espérer un fauteuil, à cause de quelques bévues qui ont amusé la presse; néanmoins ce fut Jules Janin qui fut appelé à le remplacer.

Dans les séances consacrées à l'examen des ouvrages à couronner, il aurait pu, en raison de ses immenses lectures et de son aptitude critique, exercer une grande influence. Il n'y a guère que les livres de poésie qu'il prit à cœur de soutenir. Un jour qu'une composition de femme avait remporté le prix, je le plaisantai sur les goûts de l'Académie pour Aspasie ; il justifia le choix de la Commission par de solides raisons. Une autre fois, il me parla d'un ouvrage qui avait les plus grandes chances d'être mentionné ; je lui appris que l'auteur avait déjà subi plusieurs condamnations pour outrage aux mœurs, et que c'était un fait aussi certain que secret, parce que ses nombreux amis avaient tenu tous les journaux pour que cette affaire ne fût pas ébruitée. Sainte-Beuve raconta la chose à M. de Rémusat, qui la raconta à voix basse à son voisin ; d'oreille en oreille, elle fit le tour de la salle. Alors le rejet fut immédiatement décidé.

En face des orateurs les plus éloquents, des professeurs les plus brillants et des phénix des salons, Sainte-Beuve ne pouvait guère briller. Son rôle se bornait à observer et à écouter. Aussi était-il en état de donner les renseignements les plus exacts sur les collègues dont on lui demandait le portrait.

III

Pour un grand nombre, comme MM. Guizot, Thiers, Villemain, il disait : « Je les connais peu, car je n'ai pas vécu avec eux. Ils sont tous d'une autre génération. »

Il accordait beaucoup d'esprit à Villemain; mais si je venais à lui en demander quelques traits, quelques bons mots, il était réduit à répondre : « C'est un esprit viager. Il préside les séances et les dirige admirablement. On ne peut parler de rien sans qu'il ait, à propos de tout, du latin, du grec, du français, à réciter imperturbablement. » Il est évident que cette mémoire tenait beaucoup du pédant et de l'écolier. Cependant voilà qu'un jour M. Barbey d'Aurevilly s'avise d'avancer et de prouver que Villemain n'est qu'un rhéteur. Sainte-Beuve fut le premier à sentir la justesse de cette critique.

Je l'ai entendu dire à M. Barbey d'Aurevilly : « Vous venez de lâcher le mot que nous portons, depuis vingt ans, sur le cœur. Aucun de nous n'a osé l'écrire. » Il se scandalisa des *Souvenirs* de Villemain, et fut très fâché de ce que personne au château des Tuileries n'eût osé dénoncer cette publication à l'Empereur.

Quoique contemporain et ami de M. Désiré Nisard, il avait un peu de jalousie de ses succès étonnants dans l'Université. Il disait : « Il est tout en nuances. Je lui ai toujours dit la vérité ; c'est le seul auquel j'aie pu la dire sans le fâcher et sans gâter nos relations. »

Comme les ouvrages de MM. Villemain et Nisard jouissent d'une grande vogue dans l'Université, il aurait désiré que le ministre de l'instruction publique plaçât les *Causeries du Lundi* au nombre des livres de prix. Il n'osa pas le demander, et il était désappointé de n'être pas prévenu et de ne pas supplanter MM. Villemain et Nisard dans l'esprit de la jeunesse.

Il aimait à parler longuement de M. Saint-Marc-Girardin, qu'il avait connu de bonne heure.

Ils s'étaient tous deux épris de la plus naïve passion pour les œuvres et les hommes du XVIe siècle, et se proposaient de concourir pour le prix de l'Académie. Sainte-Beuve, plus accoutumé aux recherches, avait fait une moisson des plus abondantes, une moisson du patriarche Booz ; cette opulence fut sa ruine ; car il devina qu'il lui serait impossible de placer toutes ses gerbes dans le programme arrêté par l'Institut. Il se désista. Saint-Marc-Girardin profita de cette retraite, et travailla avec d'autant plus d'ardeur qu'il n'avait plus de rival redoutable. Mais, malgré toutes ses élucubrations, il se trouvait aussi pauvre que Ruth. Sainte-Beuve eut pitié de son indigence ; il lui permit de glaner dans toutes ses propriétés et d'emporter autant d'épis qu'il pourrait en glaner. Grâce à cette générosité, Saint-Marc-Girardin fut couronné ; mais il oublia d'informer le public de tout ce qu'il devait à une collaboration aussi puissante que discrète. Sainte-Beuve ne lui a point pardonné ce procédé d'ingratitude. Néanmoins il ne s'est fait aucun scrupule de garder le silence sur les personnes qui l'ont aidé à composer une multitude des ses *Causeries du Lundi ;* il est certain que les meilleures ont été écrites sous l'inspiration de l'amitié littéraire.

Il était surtout intarissable sur les faits et gestes de M. de Sacy. Il montrait comment, à Saint-Cloud, il avait mené la vie de garçon avec M. Saint-Marc-Girardin ; comment il avait eu des coups de tête qui ne sentaient pas le jansénisme ; comment il avait fait agréer à sa famille un mariage d'inclination ; comment de tous les livres il préférait un Cicéron, qu'il ne lisait que dans une édition de valeur ; comment il se pâmait, à l'Académie, quand, dans une tirade de poésie, il y avait des vers trop rutilants, assaisonnés de gros sel. Il est impossible de deviner pourquoi Sainte-Beuve avait si peu de sympathie pour le caractère si pacifique de M. de Sacy, qui n'a eu que l'ambition d'être le Cicéron du silence au Sénat, comme M. Nisard en fut le Démosthène du silence. Assurément Sainte-Beuve ne pouvait pas blâmer en M. de Sacy le goût des livres et la modération du style ; mais ce qu'il ne lui pardonnait pas, c'était peut-être de se dire chrétien et d'aller à la messe. Il aurait adulé un de Sacy sceptique comme toute la bande des *Débats*.

Le nom d'Augustin Thierry se rattache à l'Académie comme une cariatide. Pendant un grand nombre d'années elle lui a décerné le grand prix de dix mille francs, au détriment de la jeunesse savante et pauvre. Il est étonnant que la presse, qui ne déteste pas beaucoup les scandales, ne se soit jamais avisée de déblatérer contre cet abus, qui aurait dû intéresser toute la république des lettres. Sainte-Beuve aurait pu protester contre les rapports de M. Villemain, en toute connaissance de cause, car il en savait plus que personne. Il m'apprit que la maison d'Orléans avait accordé une pension de dix mille francs à Augustin Thierry. Je croyais naturellement, comme tout le monde, que cet *Homère de l'Histoire*, si vanté, avait perdu la vue à force de feuilleter les parchemins des Archives nationales. Sainte-Beuve soutenait, comme un fait certain, qu'Augustin Thierry ne s'était pas même donné la peine d'y aller. Sur ce renseignement, je demandai la cause d'une cécité sur laquelle les compliments de condoléance étaient intarissables. Un peu médecin, et proche voisin d'Augustin Thierry, Sainte-Beuve était parfaitement renseigné. Il me nomma la maladie.

Sainte-Beuve confessait que les séances littéraires de l'Académie ne sont souvent qu'un club politique pour l'opposition. Mais, entraîné par l'esprit de corps, il ne souffrait point qu'on manquât de respect à l'Académie. Aussi traitait-il de procédé inconvenant l'habitude qu'avait prise M. de Montalembert de lire ou d'écrire pendant les séances de l'Académie, comme il avait fait à la Chambre des Pairs et à la Chambre des Députés.

Il ne lui est arrivé qu'une fois de se trahir à l'Académie, et d'oublier la retenue que lui imposait son article sur Voltaire à propos des *Lettres* du président de Brosses. Les altercations de Vadius et de Trissotin ne sont pas impossibles à l'Institut ; mais les voies de fait y sont inconnues. Sainte-Beuve ne portait pas, il est vrai, de cocarde, mais il pouvait être regardé comme l'écuyer-cavalcadour des ministres, et tout le monde gageait qu'il deviendrait immanquablement sénateur. Au contraire, Villemain n'avait plus d'avenir. Sainte-Beuve conservait rancune contre les injustices et les impolitesses de la faveur du sécrétaire perpétuel de l'Académie. A la première accasion qui se présenta de se venger, il la saisit aux cheveux, et paya les dettes du passé, capital et intérêts. Il était accompagné de Flourens et quelques collègues. Il dégaina son immortel parapluie avec la fougue et la majesté d'Achille, et le brandissant sur la tête de Villemain, il s'écria : « Vous êtes le Thersite des beaux esprits. La plus grande injure qu'on puisse vous faire, c'est de vous rappeler votre nom. Un bâton serait trop noble pour vous corriger. On ne doit se servir que d'un parapluie pour vous provoquer. Sa parole était si vibrante, ses traits si animés, son attitude si martiale, que les témoins s'enfuirent, dans la crainte d'être transpercés par les baleines du parapluie.

Au souvenir de l'humeur habituelle de Sainte-Beuve, tous ceux qui l'ont pratiqué ne sauraient s'aborder sans rire, comme les aruspices contemporains de Cicéron. Il est certain que Sainte-Beuve a fini par être, pour notre époque, le plus fidèle imitateur de la colère de Voltaire.

LE CAUSEUR

I

Rien n'a plus ressemblé à la vie d'un bénédictin que l'opiniâtreté de Sainte-Beuve pour l'étude. Tout son but était de préparer et de publier des articles périodiques. La régularité permanente de Jules Janin l'avait embrasé d'émulation. Aucune circonstance ne lui fit manquer sa faction du *Lundi*. Ce fut sa façon de célébrer la Saint-Lundi, le seul jour de fête de son calendrier, et son vrai dimanche.

Un soir, à souper, sa gouvernante le plaisanta sur cette dévotion littéraire, et me dit : « Ma vie touche à son terme ; mes jours sont comptés. Vous verrez que ma mort n'empêchera pas Sainte-Beuve de faire son article, et qu'il écrira sur mon cadavre.»

En effet, elle expira un vendredi matin. Sainte-Beuve envoya incontinent chercher un ami, le docteur Paulin, et, dès qu'il fut arrivé, il le pria de s'occuper des funérailles, et lui donna carte blanche pour toutes les dépenses. Une fois libre, il se mit à composer son article, et y consacra toute sa journée, suivant son habitude.

Le lendemain matin, il dicta à son secrétaire, jusqu'à midi, son ébauche de la veille, suivant son habitude. Tous les grands enterrements se font à midi à cause de la messe. Cette heure eût dérangé les habitudes de Sainte-Beuve. Aussi les obsèques furent-elles indiquées pour deux heures de relevée. Sainte-Beuve ayant mis et expédié sous enveloppe son article, déjeuna avec son secrétaire, suivant son habitude ; puis il s'habilla, et suivit le convoi à l'église et au cimetière Mont-Parnasse en pleurant. En revenant, il songeait à un autre article.

Il avait débuté par des portraits et des critiques.

Dans le portrait, il excelle dans les nuances des draperies, et s'attache plus au détail des traits qu'à l'harmonie des lignes et à l'expression de l'ensemble de la figure. Il n'a satisfait aucun écrivain spécialiste et compétent. Il s'en faut beaucoup qu'il ait laissé une galerie où tout vit, parle, brille, comme dans les *Mémoires* de Saint-Simon et même du prince de Ligne.

Dans la critique, c'est une abeille littéraire qui

bourdonne autour de la girouette du succès. Faute
de principes en littérature, comme en toutes choses,
il a passé toute sa vie à modifier ses jugements. Il
recherchait le rapprochement, mais il esquivait le
parallèle comme l'écueil. Il paraissait saisir une
individualité et la posséder en maître, mais il finissait
par la perdre dans une famille. Aussi n'a-t-il laissé
sur personne de ces mots caractéristiques, comme
Joubert en fourmille.

Il n'a point eu le style de la critique. Au lieu
d'une décision nette, concise, motivée, il vous
jette un bouquet de figures, toute une étagère de
bagatelles, qui détournent l'attention, au lieu de
la concentrer sur un point fixe.

Bien plus, il n'a jamais eu de style. Né précieux,
il n'est point parvenu à la simplicité. Plus fardé que
coloré, plus chargé que riche, pas plus romantique
que classique, il porte l'empreinte de tous les styles
à la mode et la livrée de toutes les écoles. On peut
y pêcher le galimatias au filet ; il faudrait une
bonne ligne pour y attraper le beau à fleur d'eau.

Il appelait ces évolutions, ou plutôt ces avorte-
ments de style, des manières. Il est mort sans avoir
mis la main sur la bonne manière des grands
maîtres, la manière qui va à la postérité et sert de
modèle.

Bien loin de créer un genre, il en a gâté deux.
Il n'a été ni biographe éminent, ni critique excel-

lent, parce qu'en voulant croiser deux facultés spéciales, il ne se servait de l'une qu'aux dépens de l'autre. La critique le rendait scrupuleux dans l'anecdote. La biographie l'empêchait de soigner et de motiver ses jugements.

Il a changé de titre aussi facilement qu'inutilement. En se restreignant à la *Causerie*, il se dispensait d'être grand ; il n'avait plus besoin de pinceau : le crayon lui suffisait. Il a échoué dans le petit. La Fontaine avait donné à la fable tout l'intérêt d'une épopée. Sainte-Beuve a raté toutes les qualités de la *Causerie*. Il n'en a connu ni le naturel, ni l'abandon, ni la clarté, ni l'improvisation, ni les surprises, ni le charme, et il en a étalé tous les défauts, comme les réticences, les périphrases, la prodigalité de figures, le fatras des mots, la préciosité et l'hypocrisie. C'est une énigme dont personne ne dégagera une idée fixe, pas plus sur l'auteur que sur les sujets de ses articles.

Cependant Sainte-Beuve a passé pour un causeur, pour le meilleur causeur de Paris.

Comment donc était causeur cet homme qui n'a brillé que par son silence à l'Académie, qui abonde en causeurs de profession ?

Il ne soupait guère en ville qu'avec les ministres, pour se ménager l'avenir, et qu'avec les directenrs des journaux, pour convenir de sujets d'articles. Toutes ses visites avaient le même but. Point d'inutile. Il a négligé de voir Gœthe, qu'il aurait moins vanté s'il l'avait connu, car il est probable qu'il n'a pas eu la patience de le lire.

Nul de principes et d'idées, la modestie lui coûtait peu. Il ne repoussait pas les compliments, mais il n'allait pas au-devant. On pouvait le pratiquer sans lui parler de ses articles. Impossible d'avoir moins de la vanité des gens de lettres. Plus sensible à l'injure qu'à la flatterie, il aurait préféré le silence de la presse, s'il eût fallu acheter la plus belle renommée au prix d'une simple contradiction. Aussi gardait-il rancune de tout. Mais il attendait par trop longtemps le moment de la vengeance. Il fallut qu'il eût un vers de Virgile à commenter pour faire allusion à un employé de la Bibliothèque Mazarine qui l'avait dénoncé. C'est après plusieurs lustres qu'il a apostrophé M. Villemain, parapluie en main.

Plus poli que prévenant et engageant, sans-façon, mais aussi sans familiarité, on se trouvait à l'aise avec lui dès le premier salut; c'était immédiatement de la sympathie. En s'oubliant, il ne posait pas. La simplicité lui tint lieu de charme. Aussi détestait-il les charlatans, les blagueurs, les farceurs. Plus ennuyé que sérieux, il attendait le moment d'engager un sujet de conversation. Il n'engendrait pas la gaieté, quoiqu'il n'en fût pas ennemi. Parfois mélancolique, il devenait plus expansif, personnel.

Susceptible, il avait une colère d'épiderme, courte, violente, mais sans éloquence ni fiel. Aussi éloigné de la sentimentalité que de l'ironie. Nul, plutôt que sceptique, il ignorait l'usage du sarcasme et évitait tout genre de discussion.

Sa voix n'avait aucun agrément, quelque sujet qu'il traitât. Il ânonnait bien plus qu'il ne causait; il parlait peu facilement, peu longtemps, se perdant dans les figures, multiplant les périphrases, allongeant indéfiniment les périodes, courant après les mots, sans attaquer l'expression propre, le mot qui peint, qui caractérise, qui égaye. Toute interruption l'embarrassait, le troublait. Une contradiction le fâchait. Incapable de discuter et de répliquer, il n'eut ni saillies d'esprit, ni traits de feu. Il avait tout l'esprit des autres, et néanmoins l'esprit lui faisait défaut. Il sentait et appréciait l'esprit des autres, il s'en frottait, mais il n'en restait pas moins stérile. On avait beau le hanter, jamais on ne retenait un aperçu, une idée, un bon mot de son crû.

Or, comment être un causeur, quand on ne met rien du sien dans le commerce de la société? Toujours confident, jamais tyran de salon, Sainte-Beuve ne pouvait être un phénix de conversation; il n'était pas même un causeur.

Quoiqu'il eût visité ou reçu tous les hommes à la mode, il n'avait pas la connaissance des hommes. Il jugeait l'effet, il ne devinait pas la cause. Il est mort sans croire au génie de Balzac. Il ne se doutait pas plus de l'avenir de Baudelaire que des succès de M. Barbey d'Aurevilly. Il lui fallait tout le dossier des successions pour envisager la vie des écrivains.

Une fois, il me dit sérieusement : « Ne trouvez-vous pas que M. Taschereau ressemble beaucoup à Voltaire ? » Je possédais environ sept cents portraits de Voltaire : il me fut facile de répondre négativement.

Il y a peu d'hommes de lettres et même d'hommes du monde dont la causerie ne m'ait fait oublier celle de Sainte-Beuve pour toutes les qualités du tête-à-tête. M. Feuillet de Conches tire un meilleur parti de la spécialité de Sainte-Beuve pour l'anecdote. M. Barbey d'Aurevilly prodigue, dans une heure au café, plus de verve, d'esprit, d'aperçus, de gaieté, que Sainte-Beuve n'aurait pu en préparer à loisir pendant une semaine, avec l'esprit des autres : c'est Rabelais qu'un ressort arracherait brusquement de la tombe. Sainte-Beuve lui rendait le témoignage que c'est le plus brillant causeur. Or, il a entendu tous les causeurs.

Sainte-Beuve n'était vraiment remarquable que dans les anecdoctes. Il avait tout lu et n'avait rien oublié. C'était la *Biographie universelle* en personne.

II

Exclusivement anecdotier, il amenait rarement la conversation sur des matières littéraires ; jamais sur la philosophie ni la politique. Il ne lisait, ne sortait, n'écoutait, ne questionnait, que pour faire provision d'anecdotes.

Sa première question était invariablement celle des commères : « Qu'y a-t-il de nouveau ? » Puis il procédait par questions, avec méthode, avec patience, et ne lâchait son monde que quand il en avait pompé tout ce qu'il y a de petits faits, de nouvelles diverses, d'*ana*. Rien n'était perdu. Il tenait de son père l'habitude de prendre note de tout, d'annoter jusqu'à ses livres. Il n'y a pas de conversation dont on n'ait retrouvé la substance dans quelques-uns de ses articles.

Loin de rechercher et d'aimer la causerie, ce n'est qu'à l'heure de ses repas qu'il se délassait avec quelques habitués. Pendant nos longs rapports, malgré tout le parti qu'il tirait de mes études spéciales, il ne lui est arrivé que trois ou quatre fois de prolonger la conversation du souper pendant une heure. Il ne retenait personne, pas plus M. Barbey

bey d'Aurevilly que les autres, dès que son secrétaire arrivait pour l'étude du soir. Jamais il n'a eu
de jour de salon ni d'heure de réception.

Quiconque avait besoin ou envie de le voir était
obligé de lui écrire pour obtenir audience. Très
peu de personnes étaient accueillies immédiatement,
sur leur carte. Aussi, n'ai-je fait aucune connaissance chez lui. On y allait plus ou moins souvent,
on se croisait, mais on ne se rencontrait pas. Ce
n'est que chez M. Barbey d'Aurevilly que j'ai vu
ses anciens camarades, notamment M. Édélestand
du Méril.

Malgré sa sauvagerie, Sainte-Beuve a été constamment recherché et courtisé. Ceci tient à l'envie
d'avoir un jour un article de lui; on n'y comptait
pas, mais on espérait. On y attachait de l'importance, parce qu'il a toujours travaillé dans les revues
et les journaux qui influent beaucoup sur la vente.
Mais il a plus tiré parti des hommes de lettres qu'il
ne leur a été utile. Il est le débiteur de toute la littérature du siècle.

Il a donc plus fait causer et su faire causer qu'il
n'a réellement causé. Habile questionneur, sagace
juge d'instruction, mais causeur des plus médiocres.

Sur la fin de sa vie, il a été plus accessible. Alors
ont accouru les prétendus amis de tous les temps,
dont aucun habitué ne connaissait ni le nom ni la
figure.

Ayant besoin d'articles pour ses trentes volumes d'articles lancés sur la place de Paris, Sainte-Beuve a fait le tour de force de se laisser courtiser, et d'accueillir sans se déranger les avances dont il profitait, et qu'il n'aurait pu dédaigner ni repousser sans se ruiner.

Ce sont les journalistes qui ont mis le plus d'empressement à le visiter et à l'aduler.

Il n'aimait ni n'estimait le métier de journaliste. « Il faut en être, m'a-t-il dit souvent, mais il ne faut pas en tenir. »

Il faut distinguer parfaitement entre journaliste et journaliste.

Il faisait grand cas de l'énergie et du style de M. Granier de Cassagnac. Il n'aurait pas voulu l'avoir pour ennemi.

Il s'est trouvé une fois à souper avec M. Louis Veuillot. Depuis ils ont conservé un faible l'un pour l'autre. Si les circonstances les avaient rapprochés, ils auraient été les meilleurs amis du monde. Sainte-Beuve faisait acheter tous les articles de M. Veuillot. Il aimait à y rechercher une grande connaissance de la littérature contemporaine. Il appréciait, avec réserve, son esprit, mais il exagérait ses lectures, et ne convenait jamais qu'il surfaisait.

De son côté, M. Veuillot surfaisait Sainte-Beuve de bonne foi. Dans son article du 4 avril 1854, publié dans l'*Univers* et depuis reproduit dans le tome II de la IIe série de ses *Mélanges,* il avait trouvé tant d'esprit, de finesse, de malice, de courtoisie dans une *Causerie* consacrée à Jules Janin, que je voulus savoir ce qu'il en était d'une farce dont Jules Janin avait été la première dupe. Or, Sainte-Beuve m'avoua ingénuement que, de fait ni d'intention, il n'avait pas caché dans sa *causerie* tous les trésors que M. Veuillot croyait y avoir déterrés.

Sainte-Beuve se jetait, en gourmet, sur tous les articles de M. Barbey d'Aurevilly. Maintes fois il me dit : « Il ne se servirait que du quart de son esprit, qu'il en montrerait encore assez pour forcer de l'admirer. »

Jamais il ne m'en parlait sans lui donner du *vibrante.*

Il avait tout dit, quand il avait dit : « Ces gens-là », en parlant des rédacteurs du *Siècle.* C'est le journal qui aurait pu lui dire des injures sans le fâcher.

Il réduisait toute son opinion sur les immenses productions de Jules Janin dans ce mot : « C'est de la crème fouettée. »

Il appelait M. de Sacy la pannade des *Débats,* et se moquait de la répétition des superlatifs qu'il prodiguait à tous les auteurs.

Il fut plus sensible que moi aux diatribes du

vicomte de Pommartin contre moi. « Quelle inconséquence ! disait-il. Il soutient la cause des gen-
tilshommes de vieille roche, et il choisit ses armes
chez les démocrates. Son parti place le trône sur
la première marche de l'autel ; mais il renierait
l'Évangile, s'il y trouvait un verset contre la légitimité. Il ne vit que sur le martyre de Louis XVI.
Mais Louis XVI est mort comme un veau. Tous
ceux qui l'ont connu savent qu'à Varennes et au
10 août, c'est son défaut d'énergie qui a fait tout
échouer. »

III

Les libres penseurs ont eu leurs entrées chez
Sainte-Beuve, tout comme les journalistes.

Celui qui dut être le mieux accueilli fut Renan.
Sainte-Beuve aurait été incapable de soutenir une
discussion avec un enfant du petit catéchisme. Ce
n'est pas l'amour de la controverse qui pouvait le
lier avec un impie. S'il avait voulu trouver des
arguments contre la religion, il n'avait qu'à ouvrir
son Voltaire.

Comment Sainte-Beuve, qui ne s'était jamais
affiché et qui avait refusé de marcher sous n'importe

quel étendard, a-t-il pu se compromettre au Sénat pour Renan ?

Sainte-Beuve était las de s'entendre reprocher sa laideur. Il a été fier et heureux de se masquer, en poussant devant lui un homme bien plus laid, et de le laisser sur le dernier échelon de l'humanité, à côté de la brute.

Renan est plus que laid, il est repoussant comme une monstruosité ; ses condiciples du séminaire de Saint-Sulpice estimaient que cette laideur équivalait à une des difformités qui sont des empêchements pour les ordres de l'Église. Il tient plus de l'animal que de l'homme. Son corps n'est qu'un bloc de chair ; jambes et bras se meuvent lourdement, machinalement, comme les membres de l'hippopotame. Sa tête massive retombe comme un fardeau sur sa poitrine ; il la traîne, bien plus qu'il ne la porte. Le teint de ses joues pendantes répugne comme la bave d'un colimaçon. Son front fait croire à l'anathème gravé sur la face de Caïn. Ses yeux, petits, enfoncés, ne peuvent se croiser avec les regards des hommes ; forcément baissés, ils sont condamnés à n'avoir d'autre spectacle que la boue et la poussière.

Il est certain que la laideur de Renan a fait oublier la laideur de Sainte-Beuve.

Quand Sainte-Beuve s'est mis à causer, il était trop tard. Sa vie, trop sédentaire, trop sauvage, avait engendré une maladie dangereuse. Sobre, réglé, bien constitué, il donnait des assurances de longévité. Il ne sut pas trouver la guérison dans l'exercice et le délassement de la société.

Il est mort jeune, précisément parce qu'il n'était, ni par goût, ni par habitude, le causeur si universellement et journellement célébré.

L'HOMME

I

Sainte-Beuve a longtemps passé pour un exemplaire de laideur complète. Parmi les poètes et les prosateurs qui le cultivèrent, personne n'a songé à lui appliquer ce vers de la *Métromanie*:

Les personnes d'esprit sont-elles jamais laides?

Il est incontestable qu'il avait gagné avec l'âge. Son buste eut le sort d'une caricature, à l'Exposition de 1870, et devint un objet de plaisanteries et de discussions sur la laideur, pour tous les visiteurs. Les bourgeois croyaient que c'etait une farce pour le jury d'avoir reçu cette charge. Les paysans pour qui le nom de Sainte-Beuve fut un mystère, disaient: « Ce n'est pas là une tête de chrétien ; il faudra que le bon Dieu y mette de la complaisance pour trouver une place dans son paradis à une pareille figure. » Quant aux femmes, elles n'en revenaient pas et ricanaient comme si on leur eût montré un masque de carnaval.

Pour moi, quand je considère une figure, dés que j'ai remarqué une expression de grandeur ou de bonté, d'esprit ou d'élégance et surtout la distinction de l'originalité, la nature des contours m'échappe et l'ensemble me cache les défauts de détail. La laideur n'est pas plus absolue que la beauté. Le vice modifie et dévore la beauté ; la laideur peut se perdre aussi facilement et atteindre à une espèce de transfiguration sous l'auréole de la vertu. Il suffit quelquefois d'une forte passion pour s'élever à l'idéal. Toute femme qui prie ou pleure, est plus plus séduisante que lorsqu'elle sourit. Socrate causant avec Platon ou Xénophon était probablement plus charmant qu'Alcibiade aux traits superbes. Il y eut des instants où l'irrégularité choquante du visage de Lekain semblait s'évanouir et se perfectionner ; alors tout le parterre se levait comme un seul homme, et il ne sortait qu'un cri de toutes les bouches : « Oh ! qu'il est beau ! » Le corps n'avait plus été que le miroir de l'âme.

Je n'admets pas la laideur de Saint-Beuve. Qu'il fut debout ou assis, qu'il écrivît ou causât, il surgissait, à première vue, de sa figure, une étincelle

de finesse qui attirait et embrasait; impossible de
l'oublier. Physiquement comme moralement, c'était
une personnalité unique qui, sans exciter beaucoup
d'estime et d'amitié, resta longtemps sympathique.
Dénué de tous les attraits de la virilité comme de
toutes les séductions du génie, il a plu, néanmoins,
à toutes les natures puissantes et supérieures, et il a
satisfait la médiocrité. Sans étude, sans intention,
sans effort, il a si bien charmé quiconque l'a connu
et hanté qu'il a conservé jusqu'à sa dernière heure
la réputation du meilleur causeur de Paris. Les
deux sexes convinrent qu'il resemblait à une vieille
femme : cependant toutes les conditions l'ont recherché et courtisé comme la fée de la conversation. Or, il n'était ni orateur, ni professeur, ni
poseur ni improvisateur. Tous les partis out désiré
le fixer dans leur camp. Les catholiques comme les
impies ont toujours espéré le poséder. Comment
concilier la laideur avec ce prestige qu'on accepta
sans l'analyser ni le juger, et dont on ne se rend aucun compte?

La réputation était faite ; pas moyen de la redres-
ser. Sainte-Beuve n'en parut pas blessé ; mais il
n'aimait point qu'on vantât les distinctions physiques. Avec lui, aucune discussion sur les nuances et
l'influence de la laideur ou de la beauté ; pas plus
question de l'Antinous, de l'Apollon du Bélvéder,
du Jupiter Olympien que du Moïse, de Michel-

Ange, de Raphaël que de Courbet ; il ne se serait pas plus passionné pour l'*Art chrétien* de Rio que pour l'*Art antique* de Winckelmann. Un soir, la gouvernante avait passé un temps considérable à raconter la vie privée d'Armand Bertin ; elle parle de son ventre qui retombait comme un tablier et de la ceinture inconnue qu'il ôtait en se couchant et reprenait à son lever pour ramasser et contenir cette masse de chair dont il ne savait que faire ; elle se complait à peindre avec âme la régularité de ses traits, l'élégence de son port, la majesté de ses manières. Pour vernir son portrait, elle s'écrie avec enthousiasme : « Il était beau comme un roi. » Jusque-là Sainte-Beuve avait écouté avec répugnance, en se mordant les lèvres de dépit. Pour le coup sa jalousie éclate, et il dit avec humeur : « Ajoutez aussi beau comme un cochon. » C'est la seule fois qu'il se soit servi devant moi d'une expression aussi grossière.

Si la conversation tombait sur quelque particularité physique ou sur les vêtements, alors, à la façon des femmes, il se précipitait sur le détail qui brise la perfection des proportions. L'ayant questionné une fois sur le succès de Lamartine dans le grand monde, il me répondit que Lamartine avait blanchi de bonne heure ; lui ayant ensuite parlé de la réputation faite à Lamartine pour l'élégance de sa toilette aristocratique, il remarqua que Lamartine n'avait jamais rien entendu au fashionnable et qu'il portait un chapeau râpé au moment où il se pavanait dans un habillement tout neuf et de la dernière mode. Il saisissait un poète à la tête ; il s'attachait aux chaussures d'un philosophe. Il ne manquait pas de racontrer comment Victor Cousin traînait de vielles pantoufles passées à l'état de savates, et se drapait, comme un charlatan, avec l'une des robes de chambre les plus riches qu'un dandy eût portée. Toute excentricité de toilette le révoltait. Il n'eut rien compris à la renommée de Brummel.

David était roux, mais il était aussi superbe. Saül fut roux ; était-il laid ? L'*Apocalypse* se sert d'un *énorme dragon roux* pour représenter le diable. Tous les anciens artistes ont cru devoir donner une barbe rousse à Caïn et à Judas. Shakspeare n'a pas manqué de compléter la laideur de Caliban en le plaçant parmi les roux. Ainsi on trouve contre le roux un préjugé qui remonte fort loin.

« Les Égyptiens, les meilleurs philosophes du monde, a dit Montesquieu, faisaient mourir tous les hommes roux qui leur tombaient entre les mains. » En lisant ces lignes de l'*Esprit des lois*, Sainte-Beuve a dû remercier la philosophie chrétienne de son indulgence pour la couleur des poils. Il ne lui était resté qu'une couronne de cheveux roux, mais ils avaient été épais et longs assez longtemps. Il pouvait se consoler de sa disgrâce en se rappelant que le chef d'Othon II et de Frédéric II, empereurs d'Allemagne, de Guillaume II, roi d'Angleterre, d'Élisabeth, reine d'Angleterre, de l'Émpereur Charles-Quint, de Philippe II, roi d'Éspagne, de Caton le Censeut, de Christophe Colomb, de Luther, de Guillaume Farel, de Voltaire, de Cuvier, de Gœthe n'avait pas eu de plus belle forêt. Pour se garantir du froid, il avait toujours dans sa poche une calotte de velours noir qu'il mettait sur sa tête chenue, dès qu'il avait ôté son chapeau, n'importe où il entrât, soit à l'Institut, soit dans une bibliothèque, soit dans les salons. Cette coiffure était plutôt posée qu'eufoncée; de loin on eût pu croire que c'était un chat ou une corbeau perché; l'irrégularité de son front, finissant en plateau, ne permettait pas de l'ajuster. A la maison, il se couvrait d'un mouchoir blanc noué sur les sourcils. Pour le coup il ressemblait à une commère, à s'y méprendre.

Son front large, fuyant, massif, ne trahissait ni pensées, ni soucis; c'était comme un troisième genou. Au contraire ses sourcils longs, épais, roussâtres, révélaient toutes les agitations de son existence, comme un thermomètre de ses impressions.

A première vue, son œil paraissait dur; mais à peine avait-il jeté son premier regard longuement, tranquillement, comme pour choisir son terrain et sonder la matière de la causerie, qu'il s'adoucissait;

de scrutateur il devenait insinuant et passait par les nuances les plus aimables. C'est par des biais, par les détails, que Sainte-Beuve arrivait à ses fins. Comme Henri VIII et surtout Robespierre dont il se rapprochait par le front, l'écriture, la timidité, la rancune, il ne regardait personne en face. Amis ou étrangers, il faisait toujours asseoir son monde à côté de lui et jamais devant. Dans la rue, il clignait de l'œil et lorgnait vers la chaussée.

Il fallait longtemps le pratiquer, l'observer attentivement, pour lui trouver la bouche libertine. Dès qu'il remuait les lèvres, on était gagné par le sourire le plus fin, le plus malicieux dont on se souvînt. Ce fut sa beauté, son empire, sa séduction. Alors, on oubliait tout le reste, même ses oreilles, dont la longueur appelait une image peu poétique; Midas les eût enviées.

Les journaux qui l'ont le plus loué, ont été unanimes à lui découvrir une ressemblance avec le type du jésuite. Serait-il resté plus chrétien qu'il ne le croyait? N'aurait-il été qu'un libre-penseur dépaysé, un impie de contrebande, un Tartufe de sauvagerie?

II

Il a été le plus poli des journalistes et des écrivains, saluant toujours le premier et se découvrant de loin ; il ne manquait pas d'envoyer une carte ou une lettre de remerciement pour tout hommage d'auteur, à propos de n'importe quel mot bienveillant de la presse. Bien que je le visitasse plusieurs fois la semaine, il ne m'a jamais fait remettre les livres que je lui prêtais, sans joindre au paquet ou une carte, ou un compliment d'amitié.

Il se frottait habituellement les mains, soit en marchant, soit en mangeant, soit en travaillant. Très sobre de gestes, à moins qu'il ne récitât des vers ou ne lût quelque beau morceau de littérature. A force de voir les excès de Cousin, il avait fini par confondre l'action oratoire avec le charlatanisme.

Tous ses mouvements étaient gauches, timides, à moins qu'ils ne fussent brusques.

Gros, pansard, mais nullement robuste, il marchait lentement, comme en tâtonnant, en zigzag plus qu'en droite ligne, et en se dandinant un peu, à la façon du canard.

Quant à la taille, il atteignit à ces cinq pieds et deux pouces qui sont la moyenne de l'humanité.

A la maison on le trouvait affublé d'une robe de chambre des plus communes ; au moindre mouvement, il paraissait tout débraillé, car il ne sut jamais se draper. A table et au travail, il avait, dans presque toutes les saisons, sous les pieds, une chaufferette qui complétait la robe de chambre à laquelle le mouchoir blanc, noué sur le front, pouvait tenir lieu de capuchon. Dans cet accoutrement, la ressemblance avec la commère ne laissait rien à désirer.

Bien que sensible au froid comme toutes les natures délicates de poète, il ne faisait pas un feu énorme. Sa chambre était une vraie glacière ; son secrétaire grelottait et en sortait en courant, afin de se dégeler plus vite dans la rue. Ce n'est que dans les dernières années qu'il y eut un calorifère qui chauffait toute la maison.

A la ville, il paraissait en redingote et en habit, seulement pour les visites d'étiquette. Tout l'équipage était propre, traîné plutôt que porté. Rien ne lui alla, rien ne le para. Il avait toujours l'air d'un paysan endimanché. Tous ceux qui l'ont connu, se firent une fête de le voir en costume d'académicien ou de sénateur, l'épée au côté. Dans ses dernières années, on le rencontra rarement sans pardessus sur le bras gauche. Sans grâce dans sa démarche comme sans goût aucun pour la façon et l'étoffe, il s'est fourni bien des fois à la *Belle Jardinière*. La confection devait faire son affaire.

Il a rendu son parapluie aussi célèbre que sa personne. Oui, Sainte-Beuve et son parapluie, ce fut la même personne. Il serait difficile d'indiquer les jours où il sortit sans cet inséparable parapluie. Il fallait que le baromètre fût au beau fixe depuis plusieurs mois, et que les églises eussent commencé une neuvaine afin d'avoir de la pluie, pour que

Sainte-Beuve se décidât à laisser reposer son parapluie dans le fourreau. Dans ces rares circonstances, il remplaçait le sempiternel parapluie par un in-4° de l'Institut. Une fois je lui demandai la raison de cette habitude, il me répondit gravement : « Ça donne une contenance. »

Le superflu du parapluie ne parvint pas à rehausser le nécessaire de l'habillement, ni à marier l'utile à l'agréable. Dans sa tenue, comme dans son allure, Sainte-Beuve resta un véritable échantillon de l'Institut, suivant la renommée faite par la chanson des rues à tous ces faux dieux du goût qui devraient être les conseillers nés des grâces pour toute la nation.

Une année, on me le signala comme un ancien habitué de la *Grande chaumière*. Comment résister à l'envie de le voir danser et de lui faire vis-à-vis ? Maintes fois j'amenai, l'été, la conversation sur la danse. Il était un peu médecin et se piquait d'être philosophe. Il ne pouvait nier l'utilité de la danse, soit comme exercice, soit comme distraction. En qualité de poète, il dut avoir de la dévotion pour le firmament étoilé et pour l'ombrage des arbres. Je lui vantai les bals de l'Élysée-Ménilmontant. Je lui représentai que c'était le bal le plus moral de Paris, un bal presque édifiant, comparé à tous les autres. On n'y voit que des mères avec leurs filles; il y vient des demoiselles si jeunes qu'on peut leur de-

mander si elles ont fait leur première communion.
Cavaliers et cavalières sautent et valsent entre les
arbres; il y règne une clarté douce qui rappelle les
ténèbres visibles de Milton. Sainte-Beuve écoutait
mes raisons; il ne me fit aucune objection. Mais il
me fut impossible de le convaincre.

On l'a toujours trouvé très propre; il se rasait
lui-même complètement sans laisser ni favoris, ni
moustaches, ni mouche.

III

Il fut aussi sobre que propre. A midi, on apportait sur un plateau dans sa chambre le déjeuner composé d'un mélange de thé et de lait pour liquide,
et pour solide, d'un petit pain et d'une brioche. A
six heures, il dînait dans la salle à manger; il y
avait un potage, presque toujours un rôt et un en-
tremets; la pièce de résistance était la chair blanche:
la salade figurait quelquefois sur la table. La pâtis-
serie servait rarement de dessert. Mais, dans toutes
les saisons, on présentait un plat de fruits. La gouvernante découpait et servait chaque plat. Sainte-
Beuve buvait peu de vin et toujours trempé d'eau.

En ville, il faisait honneur au champagne. Jamais ni café ni thé. S'il survenait des amis pendant le repas, il offrait un petit verre de liqueur douce ou sèche. L'ordinaire des restaurants à trente-deux sous aurait pu lui suffire. A table ou ailleurs, il ne parla ni de boisson ni d'aliment. Impossible d'être plus indifférend au menu du jour.

Il mangeait avec appétit tout ce qu'il prenait. C'était un événement pour la cuisinière qu'une invitation. Sainte-Beuve n'a réellement tenu table, et rarement, que sur la fin de sa carrière. Quoiqu'il ne manquât ni les banquets officiels des ministres, ni les festins périodiques des directeurs de journaux où il a écrit, il n'était pas dîneur. Il fuyait plus qu'il ne recherchait les dîners. Il a refusé une multitude d'invitations d'écrivains célèbres. Chaque fois qu'il rencontrait M. Edélestand du Méril, l'un de ses condisciples, il lui disait : « Il faudra cependant que nous mangions un de ces soirs ensemble. » Du Méril lui répondait qu'il était à sa disposition pour l'heure qui lui conviendrait. Ils sont morts sans s'être assis à la même table. Sainte-Beuve a passé toute sa vie à faire de ces invitations générales à tous ses amis et connaissances.

Il ne prenait que de la bière dans les cafés où il allait lire les journaux. L'été, quand il sortait, il ne manquait pas de boire un bol de lait chez un nourrisseur, rue de Fleurus ; ce fut sa seule gourmandise.

Je ne crois pas qu'il ait ni fumé un cigare, ni allumé une cigarette.

Rarement au théâtre. Jamais de promenade d'agrément, ni de flânerie ; toutes ses sorties avaient un but. Même dans son jardin, il n'aurait pas su être paresseux avec délices, comme Figaro.

Il aurait pu se vanter avec Montaigne de dormir huit ou neuf heures d'une haleine. Il se couchait vers les dix heures et ne se levait guère avant neuf heures du matin. Il se permettait un peu de méridienne après son déjeuner. Près de son chevet, se trouvait une table sur laquelle j'ai toujours remarqué une miniature de pistolet. J'ignore s'il était perpétuellement chargé.

IV

Un jour, Sainte-Beuve fut insulté dans la rue par un écrivain. Dès lors, il prit ses précautions contre une nouvelle attaque. Vite il accourt porter plainte au préfet de police et il en obtient l'autorisation de sortir armé. Tant qu'il se crut en danger, il se munit d'un petit poignard et d'un pistolet de poche. S'il avait été obligé de tirer, il est probable qu'à la détonation de sa mitraille il serait tombé à la renverse et qu'il se serait imaginé avoir été blessé par son adversaire.

Pour expliquer et justifier ce qu'il y eut du lièvre ou du Sosie dans sa nature, il aimait à constater ce qu'il tenait de sa mère. Avant de se coucher, elle ne manqua jamais de fermer elle-même les persiennes, les fenêtres et les volets. Puis elle rassemblait les sièges et les entassait les uns sur les autres contre les croisées, afin que, dans le cas où les voleurs seraient parvenus à démonter les persiennes, à casser les vitres et à pousser les volets, le vacarme que devaient inévitablement faire chaises et fauteuils, en dégringolant et en se brisant les uns sur les autres, pût leur donner l'alarme et les mettre en fuite.

Sainte-Beuve serait-il le prince des poltrons, comme il pourrait y avoir un poltron des princes? Pourrait-on lui appliquer ces vers de Piron?

> De loin j'avais eu du courage;
> Je ne fus qu'un poltron de près;
> On ne peut l'être davantage.

Il est certain qu'il ne se piqua point de bravoure. Il était capable d'un acte de courage, d'une objurgation impétueuse, d'une réplique hardie, mais, comme Sosie, il en eût été le plus étonné, sa colère une fois passée.

> La valeur n'est valeur qu'autant qu'elle est tranquille,

dit la *Métromanie*. Après sa révolution du Collège de France, Sainte-Beuve devint morose, pâle, méconnaissable. Une lettre anonyme, une visite inattendue, tout lui fit peur.

Son charme incontestable, qui lui avait valu tant de relations dans toutes les classes, s'évanouit. Son humeur, constamment égale, constamment polie, s'aigrit. Il entra pour toujours dans une phase de caractère qui étonna tous ceux qui l'ont connu. Il resta sujet, à propos de tout, à des accès de colère cramoisie. Son irritation fut continue ; à force d'être journalière, minutieuse, elle perdit son effet. Secrétaires et servantes s'y accoutumèrent et s'en firent une comédie. L'un des secrétaires a composé à ce sujet de spirituelles chansons qui ont fort égayé tous les convives auxquels il les chante à souper.

Il y a un point sur lequel toutes les roses de la civilité le perçaient d'épines. Je ne l'ai jamais vu ni malade, ni indisposé, ni même enrhumé. Malgré ses articles si régulièrement nombreux, sa bonne mine de chanoine, son embompoint visiblement croissant, il caressa cette prétention d'être souffrant, qui avait peu réussi, soit à Voltaire, soit à Jean-Jacques-Rousseau. Si on l'avait cru, son obésité florissante n'aurait été que de la mauvaise graisse de malade. Il boudait, puis se fâchait, et enfin rompait pour toujours avec quiconque avait la maladresse de ne pas s'apitoyer sur son état. Plus on le félicitait sur sa santé, plus sa colère tournait le compliment en injure. Il n'entendait pas raison sur cet article. Il a failli se brouiller avec M. Nisard pour une explication de cette nature. Pour moi, je connaissais sa manière. A chaque visite ou rencontre, il se disait fatigué. J'avais beau lui répondre de se reposer et d'aller à la campagne, il persistait dans ses habitudes et ses jérémiades. Une fois atteint de l'infirmité qu'il avait provoquée par abus d'un labeur trop sédentaire, il avait l'air de vivre sur le bord de la fosse et de montrer la faux de la mort ; mais il n'en a pas moins continué de corriger ses épreuves et d'envoyer régulièrement de la copie à la presse.

Par suite de ce caractère, il ne pouvait ni n'osait signer de jugement définitif, soit en bien, soit en mal. Il suivait et consacrait le succès, mais il ne l'a jamais annoncé. De là sa préférence pour les morts qui ne répondent pas, et son aversion pour les inconnus qui se fâchent et se vengent. Aussi la jeunesse n'a pas manqué de le punir de son dédain à Lausanne, à Liège et à Paris. On a remarqué que les individus qui ont fait le plus de tapage à son inauguration du Collège de France étaient les poètes et les prosateurs de son âge auxquels il avait refusé des articles.

Par son silence autant que par ses réticences, il multipliait le nombre de ses ennemis. Néanmoins il eut pour principe de ne pas s'en créer. Aussi courait-il sans cesse après les mots, l'expression juste, pour ainsi dire, comme le chien qui tourne autour de sa queue. Faible, il subissait volontiers l'impulsion et écrivait à la laisse ; sous l'influence d'un directeur et sur l'ordre d'un ministre, il caracolait et galopait comme le coursier, pressé par un habile cavalier. De là la différence qu'on remarque dans la série des *Causeries* du *Constitutionnel* et celle du *Moniteur*. Encore trouvait-il le moyen de rester dans la timidité de sa nature au moment où il paraissait le plus l'oublier. Tout en s'abandonnant à sa verve, à sa rancune, il avait soin de bien pétrir et arrondir la boulette dans laquelle il avait caché un petit gramme de poison.

Dans un article de l'*Univers,* du 4 avril 1854, reproduit plus tard dans ses *Mélanges,* M. Louis Veuillot a dit à propros des *Causeries littéraires* de M. de Pontmartin : « Ne parlons pas si légèrement de M. de Sainte-Beuve. C'est un grand talent et point du tout enterré. Avec toutes sortes de pentes et de faiblesses regrettables pour les relâchements en tous genres, M. Sainte-Beuve est, en somme, l'homme du milieu mondain qui s'est le plus souvent et le plus ouvertement mis du côté de la justice et même de la morale. Il y a des sacrifices à la renommée, à la puissance, à l'amitié que M. Sainte-Beuve n'a jamais voulu faire absolument. Il s'en est tiré, comme il a pu, pas toujours en héros; mais il a marqué au moins ses scrupules et mis la bande de batârdise sur les blasons suspects qu'il avait à vérifier; fidèle encore à la critique dans ses complaisances les plus signalées et dans ses expéditions les plus périlleuses. Vrai justicier, M. Sainte-Beuve voit le péril, il n'est pas téméraire. » Cette mention resta comme un brevet de bravoure pour Sainte-Beuve et la plus grande satisfaction qu'il ait ressentie dans sa vie littéraire.

Il ne dédaignait pas le compromis, capable d'arrêter ou d'amortir une bordée de canons. Aussi a-t-il fini par consacrer des articles à MM. Veuillot, Rigault et de Pontmartin, dont les journaux lui étaient funestes. Il avait pu avoir quelques reproches à se faire dans sa conduite envers ses secrétaires, et devait redouter leurs indiscrétions ; il ne manqua pas de se rapprocher d'eux et de les amadouer, dès qu'ils eurent mis le pied dans la presse. Il jugea aussi utile de se réconcilier avec la *Revue des Deux Mondes,* et de préférer au *Constitutionnel,* dont il n'avait rien à craindre, des journaux dont l'hostilité l'embarrassait.

Quand il eut à pousser et à vendre son *Virgile*, son *Chateaubriand*, son *Port-Royal*, et plus de vingt volumes de *Causeries*, il dérogea à ses habitudes de solitaire pour se ménager des réclames dans tous les camps. C'est alors qu'il ouvrit sa porte à différentes heures : journalistes, écrivains, collaborateurs, curieux, amis, purent lui dérober quelques instants d'un temps dont il se montrait moins avare. Il sortit aussi de son apathie, fit des démarches et écrivit des recommandations, moins par humanité que pour la galerie de la presse. L'histoire littéraire n'aura rien à recueillir de ces sacrifices.

V

Dans son ménage, il se résignait à tous les sacrifices pour avoir la paix. Il ne demanda aucun compte aux servantes. Il se moqua de Justine, qui était pieuse, qui marchandait et craignait d'acheter des primeurs trop cher. Une autre bonne lui vola dix francs sur sa cheminée; il n'osa rien lui dire et la garda encore quelque temps, parce qu'il avait des révélations à lui arracher sur la vie de Beuchot et d'Augustin Thierry, chez lesquels elle avait servi auparavant.

Toutes ses domestiques ont joui de la plus grande liberté pour les dépenses de tous genres. Pour Adèle, la liberté dégénéra en licence. Elle avait près de quarante ans : grosse, grande, gaie, propre, elle conservait des preuves d'une beauté qui a du être remarquable. Elle passait pour avoir fait, une fois, le caprice d'un prince. Si elle n'eût pas bredouillé, on aurait pu la comparer à la marchande d'oublies du quartier de l'Odéon pour l'opulence de ses membres et l'excentricité de ses dentelles et de ses rubans. Elle adorait les fleurs ; sous sa direction le poêle, le buffet, l'armoire, la table dans la salle à manger et le guéridon, ainsi que la cheminée dans le salon, furent, dans toutes les saisons encombrés de pots savamment disposés comme le grand autel de Saint-Sulpice pendant le mois de Marie. Forte, hardie, dévouée, elle se ménagea des intelligences avec les sergents de ville et les charbonniers du voisinage, afin d'avoir une armée de défense dans le cas où les émeutiers du Collège de France se rueraient sur la rue Mont-Parnasse. Or, pas d'argent, pas de suisse. Voilà qu'un jour Sainte-Beuve me dit en riant : « Savez-vous la nouvelle du jour ? Mon épicier m'a remis le mémoire d'Adèle ; jamais vous ne devineriez ni l'objet, ni le prix des articles. Il y a pour six cents francs de vin de Bordeaux à raison de trois francs la bouteille ; puis il y a un détail de cinq cents francs pour sucre, biscuits, confitures et autres douceurs.» Il ne fallait pas être malin pour s'apercevoir qu'Adèle buvait plus que de raison, mais pas jusqu'à l'ivresse. Le cœur une fois réjoui par le vin, elle chantait, dansait, et recourait aux grimaces et aux pieds de nez, avec autant d'aisance et de grâce qu'une jeune pensionnaire. Un soir, elle entend, depuis sa cuisine, Sainte-Beuve me parler des jeunes filles de dix-huit ans; d'un bond, elle se trouve près de la table, part d'un éclat de rire, pirouette sur ses pieds, et s'écrie : « Monsieur, mon bon Monsieur, mon cher Maître, Monseigneur, mais qu'est-ce vous feriez de jeunes filles de dix-huit ans? Est-ce que vous êtes un homme, pauvre chat mouillé?» Le mot de *chat mouillé* était lâché : Adèle le répéta habituellement et sans façon soit devant moi, soit en présence de M. Barbey d'Aurevilly, qu'elle aimait à voir pendant le dîner, parce qu'étant tous les deux de la Normandie, elle le traita en cher *pays*. Sainte-Beuve lui passa ses indiscrétions et ses déprédations, parce que sa maison était parfaitement tenue comme une chapelle. Cependant, il arriva un moment où sa patience se lassa. Adèle reçut donc son congé dans les règles. Mais comme elle était robuste et insolente, Sainte-Beuve avait peur qu'elle ne voulût rester et qu'elle ne le mît à la porte de son domicile. Il alla prévenir le commissaire de police et le pria de lui prêter son assistance, le jour de la sépation. L'instant critique arrivé, il était en habit et tout prêt à recourir à l'autorité. Mais il avait la faculté de pleurer comme un enfant, quand il le jugeait nécessaire. Il verse quelques larmes d'adieu; Adèle a pitié de lui et se met à sangloter de son côté. Le compte est payé ; on y joint une gratification : tout est accepté de bon cœur. Le départ s'effectua sans menaces ni scènes. Sainte-Beuve fut content d'en être quitte à si bon marché ; son imagination s'attendait à un coup d'État, et n'eut pas même la tempête dans un verre d'eau.

Ordinairement le ménage se composait d'une servante et d'une gouvernante. Or, toutes les gouvernantes furent maîtresses absolues. La plus connue exerça un véritable despotisme des plus funestes. Elle croyait que Sainte-Beuve avait beaucoup donné, pas moins de trois ou quatre louis, aux jeunes inconnus qui avaient besoin d'encouragement. Elle s'empara du département des finances, réduisit la dépense sur tous les points, et alla faire la recette dans les journaux et peut-être chez les éditeurs. Il ne resta plus à Sainte-Beuve que ses jetons de l'Académie; de sorte qu'il fut réduit maintes fois à emprunter vingt ou trente sous à ses intimes pour affranchir ses lettres. Comme rien ne l'avait préparé à la pénurie perpétuelle qui résultait de cette séquestration, son humiliation devint si forte qu'il ne put la cacher à tous ses amis. Mais la position ne fit qu'empirer. La gouvernante s'éleva au rang de mégère. A propos de tout, elle entrait en dispute avec Sainte-Beuve ; elle lui demandait compte d'une chemise chiffonnée ; elle le bougonnait s'il rentrait quelques minutes trop tard pour le repas. Il avait beau s'excuser sur les circonstances, elle n'admettait aucune raison. S'il ne se résignait pas comme un agneau, elle lui jetait dédaigneusement au nez une pièce de cinq francs et lui disait d'aller dîner chez Magny, restaurateur près de la rue Dauphine. Elle finit par le traiter avec le dernier mépris et le rudoyer comme un esclave. J'ai vu des scènes si inconvenantes, j'ai entendu des discussions si violentes, que je croirais volontiers, bien que je n'en aie pas été témoin, qu'elle le souffletait, le battait à l'instar de Mme Delille dont les mains laissaient des marques longtemps visibles sur les joues du pauvre Delille. Toutes les prévenances restaient inutiles. Sainte-Beuve l'afficha dans les théâtres, aux promenades ; il l'accompagna même aux bals de la *Grande Chaumière*. Il alla jusqu'à lui proposer le mariage devant moi, le secrétaire étant présent. Elle préféra garder son indépendance. Avec les familiers, les visiteurs de la maison, elle se montrait toujours très polie, très aimable, assez spirituelle. Elle était encore passable ; pas moyen de s'ennuyer avec elle, car elle étalait tous les ridicules du logis et faisait assister à des scènes de sérail. Elle se conduisit continuellement comme une sultane, avec la plus grande simplicité de toilette; le sultan était ailleurs; en mourant, elle donna sa montre au secrétaire en titre; elle témoigna de l'amitié à tous les habitués. Toute son aversion, toute son humeur, se déchargeait sur Sainte-Beuve; il n'était plus que le bouc émissaire de ce démon, l'eunuque de cette Xantipe manquée. Il est certain que si Sainte-Beuve n'a pas épousé cette créature, c'est qu'elle l'a refusé. Il s'était familiarisé avec l'idée des unions mal assorties. Il rappelait quelquefois Jean-Jacques Rousseau qui avait fait sa femme de sa servante pour la récompenser de vingt-cinq ans de dévouement; il parlait en riant du poète Lebrun qui donna son nom à sa cuisinière; mais c'était toujours sérieusement et avec une espèce d'estime et d'envie qu'il citait Gœthe qui se décida, après seize années de vie commune, à se marier avec sa ménagère dont il avait eu deux enfants, un de mort de bonne heure et un second qui put assister, à l'âge de quinze ans, aux noces de ses père et mère. Il avait trouvé le mot de *goût ancillaire* pour caractériser ces inclinations d'*ancillariote*.

VI

Par suite des tracasseries d'argent précitées, il s'occupa avec plus de soin de sa fortune et songea à l'avenir. Il cachait ses billets de banque dans quelques-uns de ses livres pour n'être pas volé par les domestiques. Dès qu'il avait une somme suffisante, il la plaçait chez un banquier. Son caractère primitif se ressentit de la persécution de son intimité ; alors commença une autre phase et parut le Sainte-Beuve définitif, qui prête plus à la satire qu'au panégyrique, et dont l'histoire complète ne serait qu'un pamphlet pour tous ceux qui n'ont pas assisté à toutes les transformations successives de cette vie cachée dans les livres. Au caractère primitif remontent toutes les amitiés sincères et durables, justifiées par les grandes qualités de l'homme bien élevé, de l'homme du monde, de l'homme de lettres ; dans la période suprême il n'y eut que des relations d'intérêt, de curiosité. On pose de part et d'autre. Pour être accueillis et tolérés, les nouveaux venus affectent de ne rien voir et passent tout, car il faut que la littérature cède le pas à la politique et qu'une manifestation jaillisse de ce frottement.

Les goûts du solitaire sont forcés, la vérité du puritain est violée et les libres-penseurs poussent en avant comme leur maître, l'ennemi de toute coterie, le courtisan de Chateaubriand, de l'abbé Lamennais, l'ami des Lacordaire, des Gerbet, des Noirot, l'écrivain que j'avais vu si flatté, quelques années auparavant, d'avoir été invité à un dîner de l'archevêché et cité dans un sermon de la cathédrale d'Orléans. Ce rôle était trop étrange pour ne pas susciter des récriminations dans le parti qui avait le plus compté sur les dispositions de la derniere heure. Devant la guerre universelle des meilleures plumes de la presse, le Sainte-Beuve primitif aurait désiré regimber; le Sainte-Beuve improvisé ne put que mesurer la taille de sa faiblesse. La conscience de son impuissance augmenta l'intensité de son irascibilité; de terribles maladies jetèrent bientôt de l'huile sur le feu de ces embarras. Cette complication de tortures physiques et de contrariétés morales acheva de faire de sa fin une colère continue, une colère qui serait un sujet de comédie. Il devint si méconnaissable que les anciens habitués se retirèrent, de honte pour lui, et osaient à peine se présenter pour s'informer de l'état de sa santé. Si les libres penseurs sont fiers d'avoir mis la main sur ce personnage, ils devront convenir qu'ils ne sont pas difficiles, car une pareille acquisition ne vaut pas le poids de l'or et rapporte peu d'honneur.

Quand la gouvernante mourut, Sainte-Beuve espérait respirer. Il l'avait considérée comme une étrangère de bonne race, parce qu'elle ajouta à la particule le nom de l'un des théologiens les plus célèbres de l'Espagne; il ne lui connaissait aucun parent. Malgré toute sa finesse, il fut la dupe de son aveugle crédulité; le revers de la médaille lui prouva qu'il avait joué le rôle de Don Quichotte d'une nouvelle Dulcinée du Toboso. Voilà donc que le père et les frères de la défunte se présentent, dans le plus pitoyable équipage, avec le juge de paix, pour mettre les scellés sur les effets de la succession. Le père réclama tout le mobilier dont il fit l'inventaire, comme ayant appartenu à sa fille avant de venir cohabiter rue Mont-Parnasse. Sainte-Beuve ne put prouver par aucun papier qu'il avait acheté et payé tous les meubles revendiqués. Il n'allégua point qu'en droit possession vaut titre. Il offrit de s'en rapporter au prix d'estimation. Ce n'était pas une affaire pour lui. La difficulté provint d'une pièce inattendue. En fouillant l'armoire à glace, le père déterra une promesse ou donation de douze mille francs. La nature de ce billet prêtait à quelque explication; c'était une matière à procès scandaleux. Sainte-Beuve demanda un délai pour réfléchir et prendre des arrangements. Le père, le regardant comme un homme solvable, refusa toute concession. On tint bien des conférences à ce sujet; il y eut bien des paroles plus ou moins aigres d'échangées. On convint d'un jour pour tout terminer. Voici venir Mgr l'évêque d'Orléans se présentant officiellement comme comme candidat de l'Académie. Sainte-Beuve lui expose immédiatement sa situation qu'on exploitait, le met en présence de sa partie adverse et le supplie d'arborer l'olivier de la paix dans sa retraite; puis il se retire dans une autre pièce, afin de laisser plus de latitude à Mgr Dupanloup pour dirimer la question. Il s'agissait d'un titre authentique reconnu de part et d'autre. L'arbitrage était donc facile. Il suffit de quelques instants pour conclure. L'intercesseur eut l'assurance d'une voix de plus pour l'Institut. Sainte-Beuve finit par prendre à sa charge l'enterrement qui avait coûté quatre mille francs, solder l'expertise du mobilier contesté et fixer une époque où il ferait honneur à sa promesse ou donation de douze mille francs qu'il avait rédigée et signée en faveur de sa feue gouvernante. Mais il comprit si peu combien cet incident entachait ou sa moralité ou sa loyauté, qu'il n'hésitait pas à apprendre à tous ceux qu'il recevait ou rencontrait l'histoire de ce démêlé. Tout autre que lui eut rougi de charger un évêque de laver ce linge sale.

On pourrait conjecturer de ces seize mille francs dépensés pour une gouvernante qui tint sa maison environ quatre ans seulement, que Sainte-Beuve fut une vache à lait pour son entourage. Exemplairement rancunier, mais trop timide pour être méchant, poli sans familiarité comme sans dévouement, et toujours plus passif qu'actif, il avait une bonté sans initiative comme sans avarice. Il n'aimait point l'argent pour l'argent, mais il ne l'aurait pas prodigué. Il se laissait voler, mais il donnait peu. Chacun de ses secrétaires, MM. Lacaussade, Octave Lacroix et Jules Levallois, n'a touché que cent francs par mois; pour étrennes, ils n'ont reçu qu'une poignée de main; M. Troubat a joui de deux cents francs par mois et était nourri; il est vrai qu'il fut occupé depuis neuf heures du matin jusqu'à neuf heures de relevée, cumulant les fonctions de secrétaire, de maître des cérémonies, d'huissier, de garde-malade. Justine, la plus respectable des bonnes qu'il ait eues, n'avait que vingt-cinq francs de gages par mois; la plus jeune et la plus jolie, celle qui a demeuré le plus longtemps à son service, ne gagnait que trente francs par mois et ne commença à gagner soixante francs par mois que lorsque la position de sénateur et les infirmités de l'âge eurent doublé ses occupations. Sainte-Beuve ne regardait pas à un louis avec la Société de Saint Vincent de Paule, ni avec les dames

de charité, notamment·Mme Théodore Lacordaire
qu'il connaissait; mais il n'était pas si généreux
pour toutes les quêtes à domicile, et refusa plusieurs fois des billets de loterie. Il est douteux qu'il
se fût voté un budget de bienfaisance. Son quartier
ne lui conteste pas d'avoir fait l'aumône, mais il
ne lui a pas fabriqué la réputation de père des
pauvres. Sa munificence se réduit, à ma connaissance, à un billet de cent francs prêté à un de ses
secrétaires démissionnaires.

Il avait beaucoup de livres; la plupart lui ont été
donnés par les éditeurs ou offerts en hommage par
les auteurs. C'est pendant sa jeunesse qu'il en a le
plus acheté, notamment pour douze mille francs
sur le XVIe siècle; depuis, il s'est procuré, à tout
prix, tous les ouvrages qui lui étaient nécessaires
pour son *Port-Royal* et qu'il aurait pu emprunter
indéfiniment. Toutes les bibliothèques de l'État et
des amateurs étaient à sa disposition. J'ai souvent
été étonné des volumes qu'il envoyait chercher.
Ainsi il n'avait pas de La Harpe, indispensable
pour le XVIIIe siècle qu'il a tant exploité; il n'avait
pas non plus la *Biographie universelle* de Michaud.
Malgré tant de lacunes, sa bibliothèque, grâce à
ses notes, a produit quarante mille francs à sa
mort.

Il a passé sa vie à emprunter des livres partout,
mais il répugnait à communiquer les siens. Je lui

en ai prêté par paquets, pour une multitude d'articles sur le siècle de Voltaire ; je ne lui en ai demandé que deux ou trois ; je me suis aperçu que mon désir le contrariait.

S'il avait besoin d'une publication nouvelle pour un article, afin de conserver ses franches coudées, il l'achetait et refusait d'en recevoir l'hommage de l'éditeur. Impossible d'être plus loyal et délicat avec la librairie. Il marchandait les livres anciens.

VII

Il a peu voyagé. Il ne parlait d'une ville qu'à l'occasion des hommes qu'il y avait connus. Ainsi pour lui Rome c'était l'abbé Gerbet ; Lyon s'appelait l'abbé Noirot ; Dijon se nommait Frantin. Jamais il ne m'a dit un mot de n'importe quel édifice ancien ou moderne, classique ou gothique. Même silence sur les sites pittoresques de la nature que sur les merveilles du pinceau ou du ciseau. Aussi ne vit-on chez lui ni tableau, ni gravure, ni bronze, ni marbre, ni plâtre. Sauf les meilleurs livres, enfermés dans des bibliothèques d'acajou et les volumes étalés sur les tables, on n'aurait pas pu deviner

la condition du maître, à l’inspection du mobilier.
La salle à manger aurait convenu à un épicier; le
lit de parade était en fer, et tout l’ameublement
dénotait le plus vulgaire bourgeois. Il n’y avait
d’autre luxe que la propreté. Ainsi Sainte-Beuve
n’avait pas plus de goût pour le confortable que
pour le fashionnable. Une année, il chargea un
entrepreneur de lui préparer un salon, et il abandonna à son génie toute l’ornementation. Cette
commande lui revint à quatre mille francs. Les
dorures restèrent inutiles et masquées lorsqu’il fallut
placer les livres. Il n’avait pas prévu le cas de cette
disposition, ni averti l’ouvrier de la dimension des
meubles qu’il y aurait à poser.

Il a eu fort longtemps un petit chien roussâtre, har-
gneux, aboyant comme un bourdon et d’une laideur
extrême; dans toute la rue on l’appelait le Petit
Sainte-Beuve. Si, plus tard, on a remarqué un superflu de chatte, de colombes, de poules, il est
probable que cette innovation fut suggérée par la
domesticité. Quand on aime les oiseaux ou les animaux, on n’attend pas le traitement de sénateur
pour se payer une fantaisie si peu coûteuse.

Le logis de Sainte-Beuve ne gagnerait pas à être
jugé par cette maxime de Balzac : « Le luxe est,
en France, l’expression de l’homme, la reproduc
tion de ses idées, de sa poésie spéciale; il peint le
caractère. »

En y mettant un peu du sien, on pouvait s'accoutumer à ce caractère passif et en même temps de plus en plus irascible. Sainte-Beuve a gardé en qualité de secrétaires MM. Octave Lacroix et Jules Levallois, chacun de trois à quatre ans, M. Lacaussade sept ans et M. Troubat plus de huit ans. Le règne des gouvernantes a été aussi de plusieurs années. A part quelques-unes qui n'ont fait que passer, la plupart des servantes ont été en titre trois ou quatre ans; sa dernière garde-malade était en pied depuis une dizaine d'années à la maison.

L'intérieur de cette habitation a été calomnié. Il est certain que Sainte-Beuve a fait tout son possible pour être à l'abri du mépris des cancans.

Sauf la plus connue, qui est morte à trente ans passés, toutes ses gouvernantes avaient passé l'âge canonique de quarante ans, ou en approchaient; on en distingua une d'un caractère respectable, car elle avait sept enfants; quand elle entrait, au milieu de ce cortège, dans une loge du théâtre du Luxembourg, toute la salle riait aux éclats et l'appelait la Mère Gigogne.

Jusqu'au moment où Sainte-Beuve fut nommé sénateur, son ménage se réduisit à une servante sous les ordres d'une gouvernante. Toutes ses bonnes étaient choisies de façon à ne pas prêter à la médisance. C'est Adèle et Justine qu'il a le plus longtemps conservées. Or, Adèle frisait la quarantaine. Justine était un peu plus âgée, aussi pieuse que dévouée, d'une discrétion à toute épreuve, un vrai modèle des prix Montyon. Sainte-Beuve la revoyait toujours avec plaisir et lui demandait l'analyse de tous les sermons qu'elle entendait; elle le visita souvent dans sa dernière maladie; elle le trouva, un jour, déjà tout glacé et sans connaissance; prévoyant que la mort était proche, elle courut prier pour lui dans une église, et elle remarqua, le lendemain, que sa recommandation de l'âme avait cessé juste au moment où Sainte-Beuve expira.

Quant aux autres servantes, si elles furent quelquefois plus jeunes, elles n'étaient pas loin d'être un étouffoir de concupiscence par leur manque de tout agrément.

Devenu plus vieux et plus riche, Sainte-Beuve fut amené, à raison de ses infirmités et des réceptions auxquelles il se crut obligé, à augmenter son personnel. Jamais il n'eut plus de deux servantes. La nature de ses souffrances lui permit d'être moins sévère sur les appas et la jeunesse. De toutes ces différentes créatures, il n'y en eut qu'une à qui il arriva un de ces accidents auxquels sont sujettes toutes les filles qui ne sont pas sages. On employa les personnes les plus influentes pour apprendre à Sainte-Beuve ce cas nouveau. Il se fâcha et tonna comme un prédicateur; il se plaignit de voir sa maison déshonorée. Toutefois on finit par l'apaiser et obtenir la grâce de l'Évangile. Il pardonna à la pécheresse, consentit à la garder, et lui permit même d'attendre l'époque de la délivrance, mais à la condition qu'au moment fatal elle ne crierait pas et ne ferait aucun bruit.

Sainte-Beuve ne descendait au rez-de-chaussée qu'à l'heure de souper. Les domestiques ne manquaient pas de loisir; il était tout naturel que, pour passer le temps, elles reçussent des visites de parentes, d'amies, de voisines, et causassent avec la laitière, la boulangère, la fruitière, l'épicière. Or, elles ne pouvaient stationner que dans la salle à manger ou la cuisine dont les fenêtres donnent sur la rue. Pour les passants, ce groupe de servantes et d'étrangères devint un sérail; on prit toutes ces femmes pour autant de bonnes à tout faire. Sainte-Beuve n'est pas responsable de ce scandale, puisqu'il avait pris ses mesures pour déjouer les bévues des mauvaises langues.

Noter que les yeux les mieux éveillés, les plus beaux qui aient brillé dans ce ménage de garçon n'ont été cotés que cinq francs de plus par mois que les figures fanées, les têtes tournées vers le retour de l'âge, c'est militer en faveur de la sagesse de Sainte-Beuve. Tout porte à croire qu'il fut irréprochable dans son intimité : du moins c'est mon opinion; je ne fais de réserve que pour une gouvernante.

Il se fit un point d'honneur de ne pas recevoir de bas-bleus : il les fuyait partout comme la peste. « Ces femmes-là, disait-il assez souvent, c'est la dernière espèce des créatures. Si on a le malheur de se compromettre avec elles, elles n'ont d'autre transport qu'une demande d'article. » Je n'ai jamais vu de femme chez lui.

Il n'entendait pas la plaisanterie sur son gynécée. Il avertit un de ses secrétaires qu'il lui brûlerait la cervelle s'il se permettait de courtiser la servante ou la gouvernante. Un jour Baudelaire s'amusa à lui faire cette confidence : « Est-ce que vous croyez que Monsieur un tel ne vient chez vous qu'afin de faire de l'art pour l'art ? Il n'a pas d'autre dessein que de séduire vos femmes et de vous les enlever. » La charge était forte et passa comme un article de foi ; le sceptique Sainte-Beuve l'accepta avec tout le zèle de la jalousie. Il professait, dans toutes les occasions, une admiration prodigieuse pour le talent et l'esprit du journaliste incriminé ; il courut au-devant d'un prétexte pour briser toutes ses relations avec lui. Baudelaire ne cessa de se vanter d'avoir découvert tant de crédulité dans cet abîme de doute, mais il n'osa pas revenir sur sa calomnie.

Ayant tout disposé pour jouir de la paix et faisant sans cesse des sacrifices pour la conserver dans son entourage, Sainte-Beuve a pu se livrer au travail avec une contention et une persévérance dont il y a peu d'exemples. De neuf heures du matin à midi, et, de sept à neuf heures du soir, il lisait ou faisait faire des lectures à haute voix ou des recherches à son secrétaire. Depuis son déjeuner à midi jusqu'à son dîner à six heures, après un peu de sieste, il poursuivait sa tâche; il ne s'interrompait que pour aller à l'Institut et aux Bibliothèques, recevoir ou faire les visites nécessaires au sujet de ses articles. En rue, il lisait ordinairement le dernier numéro de la *Revue des Deux-Mondes*. Partout, à la maison et à la ville, il avait un crayon et du papier pour prendre des notes. Soit dans sa chambre, soit dans son jardin, pendant l'été, il ne cessait ou d'écrire ou de lire, sans fatigue comme sans fin. Jamais je ne l'ai surpris à l'état de repos.

Il n'était seul et inaccessible que le vendredi, consacré à la composition de l'article. Le lendemain, il le dictait à son secrétaire, en modifiait le style et l'envoyait à l'imprimerie. Le secrétaire n'avait de congé que la journée du vendredi et l'après-midi du dimanche.

Ainsi, pas une minute de délassement depuis le réveil jusqu'à neuf heures du soir.

Mais à peine le secrétaire a-t-il descendu l'escalier et se sauve, à pas précipités, dans la crainte d'être rappelé, que Sainte-Beuve fait sa toilette. C'est un instant solennel dans la nature : la cloche a sonné le coucher dans toutes les communautés religieuses, les pensions, les casernes, les prisons ; tous les grands poètes, tous les prosateurs les plus éminents, tous les hommes d'État les plus fameux et la plupart des mortels, attendent aussi dans le lit l'oubli du travail et du souci. Pourquoi Sainte-Beuve se décide-t-il à respirer l'air si tard ? Le quartier est déjà désert et silencieux ; les rues ne sont troublées que par le bruit des équipages de soirées ; les boutiquiers commencent à faire leur caisse et les commis s'apprêtent à mettre les volets et fermer la porte. Où Sainte-Beuve va-t-il tout doucement, bien enveloppé dans son cache-nez, à cette heure où les ténèbres le couvrent partout comme son parapluie, où les chouettes, les hiboux et tous les oiseaux de proie quittent leur repaire pour s'ébattre dans l'espace, où les malfaiteurs guettent l'occasion des crimes et des délits ? Ce n'est plus le jour et ce n'est pas encore la nuit : c'est le crépuscule du rôdeur. Attention à l'auteur de *Volupté!*

LE RÔDEUR

I

Pour économiser plus facilement, tous les jours, quelques minutes sur les relations de famille et de société, Sainte-Beuve passa, sous le nom de Joseph Delorme, sa vie cachée de garçon dans le Passage du Commerce dont les quatre issues semblent dépister les indiscrets et les importuns ; à l'imitation de saint Basile le Grand et de saint Grégoire de Naziance, il arrangea et casa son petit nid d'alcyon dans un hôtel tenu avec une discipline toute monastique, car l'entrée était interdite au beau sexe, et il n'y avait d'exception qu'en faveur de la qualité de sœur, justifiée par la ressemblance de figure. Il y déjeuna, et resta environ neuf ans, de 1830 à 1840, à raison de vingt-trois francs seulement par mois, dans une chambre du quatrième étage.

Pendant ce temps-là, Mme Sainte-Beuve douairière continuait de lui mettre un couvert à chacun de ses repas et, tous les mois, elle lui donnait régulièrement cent francs pour ses dépenses courantes et ses menus plaisirs. Le nécessaire était trouvé et assuré ; la plume amena le superflu. Le *Globe,* le *National,* la *Revue de Paris,* la *Revue des Deux-Mondes* firent des commandes ; et comme chaque livraison de copie était immédiatement et généreusement payée, Sainte-Beuve, aussi réglé qu'un séminariste, se forma une bibliothèque et finit, en sacrifiant une douzaine de mille francs, par réunir les meilleures éditions des classiques et toutes les raretés du XVIe siècle. Il avait déjà un nom, et servait de thuriféraire à la nouvelle école romantique ; mais sa modestie l'empêchait d'être apprécié à sa valeur. Heureusement le parfum de sa vertu pénétra jusqu'en Helvétie ; la ville de Lausanne lui offrit une chaire d'histoire, fermement convaincue qu'à sa voix on ne verrait pas les montagnes sauter comme des béliers, les collines bondir comme des agneaux, les rivières remonter à leur source et les murailles des maisons tomber comme la glace devant ce soleil d'été. Incontinent il partit, et, pour ne pas blesser, dans son cours de l'année 1837 et 1838, les susceptibilités des consciences protes-

tantes, il se modéra en tout, de façon à rester aussi
paisible que la nature de son auditoire. Il s'était
fait Suisse, mais sans se naturaliser. C'était un point
d'honneur de finir l'histoire de *Port-Royal* qu'il
avait commencée. Mais le mal du pays le prit ; il
dut s'apercevoir que le métier de professeur lui
avait rapporté encore moins de réputation que d'argent et que MM. Guizot, Cousin et Villemain
dormaient aussi tranquillement que s'il n'avait pas
eu l'occasion de cultiver publiquement l'art de bien
parler. Il ne fut pas bien difficile de l'arracher à
l'étranger, dès qu'on le tint à Paris pendant les
vacances. Tous ses amis comprirent qu'il leur serait
plus utile que Gustave Planche, car ses éloges
étaient sincères et sa critique restait constamment
polie et inoffensive. Ils se remuèrent, et la patrie
reconnaissante déterra une position plus avantageuse que celle dont le sacrifice coûtait peu de
larmes. Le 8 août 1840, Sainte-Beuve fut nommé
par Cousin convervateur à la Bibliothèque Mazarine avec un traitement de quatre mille francs et
la jouissance d'un logement confortable. Cinq ans
après, l'Académie française lui ouvrit ses portes et
peu de temps s'écoula sans le voir agrégé à la
Commission du Dictionnaire. C'était l'honneur et
l'argent.

Ainsi, à quarante ans, Sainte-Beuve, né en 1804,
était au comble de ses vœux. Il avait de quoi tenir

ménage, et, tous les soirs, il trouvait son couvert
mis, soit chez M. Thiers, soit chez M. Guizot.
Ceux qui l'ont connu à cette époque qui fut sa lune
de miel, doivent se rappeler qu'il était gentil comme
une demoiselle à marier; il était impossible de le
fréquenter sans lui rester attaché. Malheureusement,
la révolution de 1848 rompit le charme de ce
repos, digne d'envie. Ce fut dans une vieille cheminée que cette éphémère félicité s'évanouit comme un
petit ramoneur. La *Revue rétrospective* comprit Sainte-
Beuve pour deux cents francs dans les comptes d'un
ministre du roi. Personne ne songeait à accuser le
fortuné bibliothécaire de la Bibliothèque Mazarine
d'avoir grignoté quelque chose des fonds secrets.
Il se hâta d'éclairer le public sur cet article que lui
seul considérait comme une présomption de corruption; mais ce n'était qu'un mémoire de fumiste qui
était arrivé trop tard pour figurer à sa place dans
l'état des dépenses à la charge du gouvernement.
Il somma la Ville et l'*Univers* de lui donner un démenti. Le silence de toute la presse aurait dû tran-
quilliser les scrupules de sa conscience, aussi pure
que le fond du cœur d'Hippolyte, dans la *Phèdre*
de Racine.

Les républicains de la veille, comme ceux du
lendemain, se trouvaient en face d'ennemis trop
nombreux et trop dangereux, et ils avaient trop
d'affaires sur les bras, pour songer à persécuter et

à relancer Sainte-Beuve blotti au milieu de ses livres. Il trembla comme si sa tête avait été mise à prix, et, par prudence, il envoya la démission de son emploi de bibliothécaire. Il monta de nouveau l'escalier de l'étranger, mais avec un pied plus léger que Dante. C'était en octobre 1848. En s'expatriant, il savait d'avance où il se reposerait. Il était attendu à Liège où on lui réservait une chaire qui avait été offerte à M. Désiré Nisard et qui avait été refusée. Il se remit donc à professer et profita des vacances pour visiter tous les réduits des gens de Port-Royal et ramasser des notes pour finir l'*Histoire* de ces messieurs. Mais comme il ne trouva pas plus de tonnerres d'applaudissements à Liège qu'à Lausane, par la raison qu'il ne se montra ni Chrysostôme, ni Chrysologue, le mal du pays vint encore le prendre. Personne, à Liège ni à Lausanne, ne recourut à la violence pour le retenir, malgré tout son mérite. Il avait daigné s'exiler lui-même; il voulut bien aussi lever lui-même l'arrêt de sa disgrâce; car aucun ministre ne se serait avisé de le rappeler, puisque le gouvernement n'avait pas même conseillé son départ. Son retour, en septembre 1849, ne changea rien à la face des événements; ce n'était qu'un Français de plus à Paris. Il eut beau cligner de l'œil à droite et à gauche dans les rues, personne ne l'insulta, personne ne l'apostropha; il était tout étonné de jouir partout de toutes les faveurs de l’incognito. Il était descendu et il s’établit rue Saint-Benoît, chez un ami, le docteur Paulin, qui se contenta d’une somme de huit cents francs par an, à titre de logement, chauffage, éclairage ; les domestiques des deux sexes de céans étaient aussi à ses ordres et à son service. A la vérité, c’était seulement un point d’observation, une tente provisoire, en attendant César et sa fortune. Le pied-à-terre était fort commode et pas cher, soit comme chambre meublée, soit comme pension bourgeoise. Ne fallait-il pas quelque dédommagement de la peine de s’être octroyé et signé une lettre de grâce ou d’amnistie, pour tous les crimes et délits qu’il n’avait pas commis et dont il n’avait pas même eu la pensée ?

Peu de temps après, il eut son chez soi et put tenir grand ménage. D’hôte, il était devenu propriétaire. Sa mère étant morte à l’âge de quatre-vingt-six ans, le 17 novembre 1850, il alla prendre possession, rue du Mont-Parnasse n° 11, de la maison où il devait finir ses jours, et qui vient d’être vendue seulement trente mille francs. Elle est à deux étages, donnant d’un côté sur la rue, et de l’autre sur un bout de jardinet ; toutes les pièces sont petites, basses et mal distribuées ; l’escalier est étroit et rapide comme une échelle, il n’y a d’autre vestibule que la voie publique, et pour perron que la voûte du ciel. Il a toujours gardé le silence sur la valeur de son patrimoine qu’on porte à quatre mille francs de rentes. Il se donnait pour un homme sans fortune. Il est évident que sa mère ne lui aurait pas assuré cent francs chaque mois, et n’aurait pas occupé seule une habitation si spacieuse, si elle n’avait pas eu quelque revenu, outre son logement. Le titre de rente laissé par Sainte-Beuve provient, en partie, de la succession de sa famille ; des rapports authentiques évaluent à cent mille francs les biens meubles dont il hérita, indépendamment de l’immeuble.

En 1854, il eut droit au traitement de cinq mille sept cents francs attaché à sa chaire du Collège de France ; on ignore s’il a gagné sur son suppléant, à l’imitation de tous les professeurs qui ne manquent pas de spéculer sur leur doublure, puisque M. Désiré Nisard est cité comme le seul qui ait gâté le métier du rabais de la parole publique. En passant à l’École normale, en 1857, il trouvait de l’avancement, car il put émarger sept mille francs pendant quatre ans.

Pendant ce temps-là il retirait trois mille francs au secrétariat de l’Institut, soit comme académicien, soit comme membre de la Commission du Dictionnaire. En 1865, la dignité de sénateur lui valut trente mille francs. On lui donna, par surcroît, en 1867, une sinécure de trois mille francs au *Journal des Savants*. De 1868 à 1869, il fut membre de la Commission de la *Correspondance* de Napoléon, avec un honoraire de deux mille quatre cent francs. Il reçut en cadeau cinq exemplaires de l'édition in-4° de la *Correspondance* que si vendaient alors facilement trois cents francs chacun.

Depuis l'Empire, sa plume lui rapportait au moins mille francs par mois, dans la presse. Dans les dernières années de sa vie, les journaux, les revues et les éditeurs lui donnaient au moins vingt mille francs annuellement. Les *Causeries du Lundi* ont été vendues à raison de deux mille cinq cents francs, pour la propriété de chaque volume; on lui paya douze mille francs une nouvelle édition de ses *Poésies*.

Le roman de *Volupté*, l'étude sur *Chateaubriand*, le livre sur *Virgile*, l'*Histoire de Port-Royal* grossirent des paillettes d'or de leurs rivières le fleuve de ce nouveau Pactole.

Il était loin de l'époque où se donnant partout comme un pauvre honteux, il faisait dire à Joseph Delorme, dans la pièce sur *Mes Livres*, dédiée au bibliophile Jacob :

L'eau me suffit, qu'un vin léger colore.

Il pouvait se permettre le vin pur et chanter Bacchus. Il ne tenait qu'à lui d'élargir le cercle de ses jouissances qui se montraient si modestes, lorsqu'en août 1829, dans la neuvième des *Consolations*, consacrée à Fontaney, il traçait cet idéal de prospérité :

> Oh ! j'ai rêvé toujours de vivre solitaire
> En quelque obscur débris d'antique monastère,
> D'avoir ma chambre sombre, et, sous d'épais barreaux,
> Une fenêtre étroite et taillée à vitraux,
> Et quelque lierre autour, quelque mousse furtive
> Qui perce le granit et festonne l'ogive ;
> Et frugal, ne vivant que de fruits et de pain,
> De mes coudes usant ma table de sapin.

Horace a remercié les Dieux d'avoir plus fait pour lui qu'il n'aurait osé le souhaiter. Si son disciple a pris un jour la lyre pour témoigner sa reconnaissance au Dieu qui a réjoui sa jeunesse, c'est une pièce inédite et inconnue.

Ainsi Sainte-Beuve gagnait beaucoup. Mais il dépensait peu. Sa toilette ne mérite pas un mémoire ; son déjeuner ne dépassait pas cinquante centimes ; son souper, qui était le principal repas, ressemblait à celui des restaurants à trente-deux sous. Chacun de ses secrétaires ne toucha que cent francs par mois ; il n'y a que le dernier qui ait été porté à deux cents francs, à raison de la multiplicité de ses occupations. Les gages des servantes n'étaient que raisonnables. Si ou en juge par leur toilette, les gouvernantes étaient loin de rouler sur l'or et de vagabonder dans le superflu. Les invitations furent en tout temps très rares, excepté sur la fin. La maison subit peu d'améliorations importantes; les meubles n'ont été ni renouvelés, ni augmentés; le fonds provenait d'un mobilier d'occasion acheté au décès de la gouvernante qui l'avait apporté avec elle.

Dès son entrée au *Constitutionnel*, Sainte-Beuve avait commencé à faire des économies qu'il plaçait, à la fin du mois, chez un banquier. Tout portait à croire qu'il laisserait une bonne succession.

Dans les premiers testaments qu'il fit, c'est un parent qu'il nomma légataire universel. C'était justice, car, par considération pour la position du veuvage de Mme Sainte-Beuve et pour les frais d'éducation de l'enfant qui lui restait, la famille avait eu la délicatesse de ne pas revendiquer les avantages qui avaient été accordés au temps jadis et dont la loi permettait d'exiger le retrait. Le cousinage se résigna devant le testament définitif qui était basé sur un titre de six mille cinq cents francs de rentes. La maison fut donnée avec les meubles au dernier des secrétaires; le premier eut pour apanage une somme de dix mille francs; la dernière gouvernante eut la surprise d'un cadeau de cinq mille francs. Il y eut une constitution de dix-huit cents francs de rentes sur la tête de la dernière garde-malade, domestique environ dix ans dans le

domicile mortuaire; un dernier legs était un cou-
pon de quatre mille francs de rentes au profit d'une
fille qu'il ne faut pas confondre avec les nombreuses
gouvernantes et servantes du testataire, et qu'on
aurait tort de regarder comme sa fille naturelle.

Ce titre de rente de six mille francs ne représente
guère que les biens de famille. Sainte-Beuve n'a
donc laissé que son patrimone. C'est étrange.
Comment maintenant expliquer le montant de son
passif? Une année avant sa mort, il m'a bien étonné
en m'apprenant qu'il était très gêné et qu'il avait
emprunté vingt-cinq mille francs à M. Pereire. On
m'assure qu'il a dû jusqu'à cinquante mille francs
à M. Veyne. La succession eut à payer un mémoire
de deux mille et trois cents francs à la fruitière, et
une somme de cinq mille à différents corps d'états.
Ce qui peint l'homme et lui fait une position à part
en littérature, c'est qu'il n'y a que le tailleur qui
n'ait rien eu à réclamer. Le produit de la vente de
la bibliothèque, qui s'éleva à quarante mille francs,
fut consacré à la liquidation des dettes. M. Troubat
a été forcé de vendre la propriété des œuvres iné-
dites et des ouvrages qui n'avaient pas été réimprimés, à raison de mille francs par volume. Son
héritage se réduit à peu de chose.

Où donc a passé tout l'argent qui arrivait par le
canal de l'État, de la Presse, de la Librairie, dans
ces mains, en apparence si peu prodigues?

Sainte-Beuve n'a fait grâce d'aucune faiblesse à Chateaubriand; il a dévoilé tous les arcanes de sa vie privée, sur des témoignages qu'un autre n'eût pas admis. Il a donné l'exemple. Il s'agit d'être aussi explicite, mais plus consciencieux que lui pour la curiosité historique.

Ici se présente donc une question délicate, scabreuse, mais dont la solution est inévitable. Force est de trouver dans la physiologie la cause de tous les mystères d'une vie, et d'expliquer par une dernière anomalie toutes les nullités ou imperfections morales précédemment divulguées.

Alors Sainte-Beuve disparaît comme individu, pour devenir un caractère et le type du genre mitoyen. L'histoire ne saurait reculer devant un cas de médecine et de conscience.

II

Tertullien a dit naguère aux *Nations :* « Vous avez parmi vous une troisième race ou plutôt un troisième genre, c'est-à-dire un troisième sexe, qui tient de l'homme et de la femme et qui peut servir aux deux autres. » Dans son poème de *Don Juan,* Byron parle également de troisième sexe et de genre neutre. Un linguiste allemand a remarqué que les grammairiens indiens traitent d'eunuque le troisième genre qu'il croit appartenir à la famille indo-européenne, c'est-à-dire aux langues les plus parfaites.

Chez les Hébreux, le *Lévitique*, ch. XXII, défend d'offrir au seigneur tout animal dont les facultés de la génération auraient été ou froissées, ou coupées, ou arrachées, et proscrit toute mutilation des mâles. Pour inspirer l'horreur de ces barbaries, le *Deutéronome*, ch. XXIII, exclut de l'Assemblée du Seigneur l'eunuque qui aurait subi l'une des opérations précitées, ce qui équivalait à la perte des drois civils. Dès les premiers temps les Israélites paraissent n'avoir juré que sur les preuves de la virilité. A propos du chapitre XXIV de la *Genèse*, l'abbé Du Clot a dit dans sa *Sainte Bible vengée* : « Quiconque mettait sa main sous la cuisse de quelqu'un faisait par là même un serment que, s'il manquait à sa parole, il méritait d'être frappé du glaive que portait celui à qui il s'engageait. Kimchi, savant rabbin espagnol, nous apprend que cette même cérémonie se pratiquait par ceux de sa nation dans tout l'Orient ». Aussi l'un des derniers traducteurs de la *Bible* fait-il observer qu'au lieu que nous plaçons dans le cœur le siège des affections, les Hébreux le plaçaient dans les reins. Pour lui donner sa fille en mariage, Saül exigea que David lui apportât les prépuces de cent Philistins. Il est singulier qu'on trouve encore de nos jours quelque coutume de ce genre. Le *Voyage en Abyssinie* par Ferret et Galinier nous fournit ce document : « Les Abyssins égorgent et mutilent. Le jour du combat, c'est l'honneur, c'est la gloire à ces soldats barbares de couper sur le corps du vaincu, qu'il soit vivant ou mort, l'organe sexuel de la virilité qu'ils suspendent avec orgueil aux murs de leur chaumière. Dans le Choa, tout guerrier qui ne peut pas fournir cette preuve de courage personnel n'a pas le droit de porter les cheveux longs et tressés. Il faut que tous les trois mois il se fasse raser la tête comme s'il ne possédait pas lui-même la plénitude de la virilité. Aussi arrive-t-il souvent que des lâches, pour pouvoir montrer aussi ces dépouilles opimes, assassinent dans l'ombre quelque passant désarmé et lui arrachent ce signe de victoire qu'ils n'ont pas su conquérir par leur valeur. »

Dans tous les livres de l'*Ancien Testament* on ne voit guère que Jérémie qui ait consacré quelques versets en faveur d'un eunuque ; dans son chapitre trente-huitième, il a pris soin de raconter comment l'Éthiopien Abdemélech, eunuque du palais de Sédécias, l'arracha à une mort imminente avec le zèle d'un fidèle et la délicatesse d'une femme.

Les *Actes des Apôtres* ne mentionnent qu'un eunuque ; il était aussi Éthiopien, trésorier de Candace, reine d'Éthiopie ; saint Philippe lui conféra le baptême. On croit qu'il s'appelait Indisch ; les Grecs le vénèrent comme un saint, le 27 août.

Soit dans les différents martyrologes, soit dans la *Vie des Saints* de Godescard ou de Giry, soit dans le *Dictionnaire hagiographique* de l'*Encyclopédie catholique*, soit dans l'*Histoire universelle de l'Église catholique* de Rohrbacher, on ne trouve qu'un eunuque au rang des saints confesseurs ; c'est saint Ignace, patriarche de Constantinople, mort à quatre-vingts ans, en 878. En puisant aux mêmes sources pour déterrer ce qu'il put y avoir d'eunuques parmi les onze millions de martyrs de la primitive Église, on distingue seulement saint Nérée et saint Achillée, eunuques de Flavia Domitilla, nièce de Flavius Clemens, cousin germain de l'empereur Domitien ; — saint Guhsciatazarde, gouverneur et chambellan de Sapor, roi de Perse, et saint Azade, favori de cette cour ; — saint Calocer et saint Paterne, de la maison de l'empereur Dèce ; — saint Prote et saint Hyacinthe, de la maison de Sainte-Eugénie ; — saint Inde, de la maison de Sainte-Domne à Nicomédie ; — les moines Rogel, natif d'Élvire, et Servus-Dei, venu d'Orient ; — saint Venuste, saint Eupsyque, saint Cartère, saint Dorothée, saint Gorgonius, saint Mydonius, et un saint Pierre. Des recherches plus longues n'augmenteraient pas sensiblement ces exceptions. Ce qu'il y a de certain, c'est que la proportion des eunuques ne serait que d'un sur cinq cent mille martyrs de tout rang, de tout âge, de tout sexe.

Ce chétif résultat suffirait pour justifier les mesures prises par l'Église. Plus indulgente que Moïse, elle ouvrit ses portes aux eunuques et les accueillit comme ses autres enfants, mais elle leur ferma la balustrade du sanctuaire. Les Canons des Apôtres ordonnèrent la déposition des clercs qui se seraient mutilés n'importe sous quel prétexte ; elle interdit la communion pendant trois ans à tous les laïques coupables de la même faute. En 325, le Concile de Nicée maintint la dégradation des clercs qui auraient volontairement subi la mutilation, mais il toléra les clercs que les exigences des chirurgiens, en cas de maladie, ou que les violences, soit des barbares, soit des hérétiques, avaient réduits au genre neutre.

L'influence que la mutilation exerce sur le mal ressort de cette conclusion de la page 352 du tome III de Rohrbacher : « La plupart des meurtres qui, dans l'espace de deux siècles, ensanglantèrent la cour persane, furent commis par des eunuques. L'eunuque Mithridate livra Xerxès Ier au capitaine de ses gardes, qui le tua dans son lit et voulait tuer avec lui toute sa famille, pour régner à sa place. — L'eunuque Pharnacias livra Xerxès II au poignard de son frère, Sogdien, qui fut lui-même condamné à mort par son frère. Darius-Nothus Bagoas, l'eunuque favori d'Ochus, empoisonne son maître, met sur le trône Arses, fils du roi, et fait mourir tous ses autres enfants, assassine ensuite Arses et détruit toute sa famille, lui donne pour successeur Darius-Codoman, et se voit enfin obligé d'avaler le poison qu'il avait préparé pour se défaire de Darius même.»

L'histoire du Bas-Empire apparaît ordinairement comme une mare de sang creusée par le ridicule. Quoi d'étonnant? Les eunuques sont perpétuellement en scène. Le fils et successeur de Constantin le Grand n'a de zèle que pour la propagation de l'arianisme, et reprend le rôle de chef spirituel de l'État qu'avaient joué tous les césars païens : il est vrai que Constantin II est dominé par l'eunuque Eusèbe. Photius contribua beaucoup à l'établissement du schisme grec : c'était encore un eunuque. Le plus savant et le plus beau génie de l'Église grecque, celui dont l'égarement inspire les plus vifs regrets, c'est Origène, l'eunuque volontaire. Narsès est le seul eunuque qui n'ait pas été déplacé au second rang dans l'État de Bysance; sauf l'avarice, il eut toutes les qualités d'un grand capitaine.

C'est avec raison que nos conseils de révision ont regardé comme des cas de réforme les infirmités ou imperfections de la vessie qui signalent le genre neutre. Sainte-Beuve a profité de cette miséricorde des lois militaires pour ne jamais faire par-

tie de la garde nationale, sous prétexte d’une incontinence d’urine.

Ce sont les régions signalées comme des four-
milières d’eunuques qui abondent le plus en
hérésies et en schismes, comme en séditions, en
révolutions, en cruautés, en assassinats, en régicides, en tyrannies. L’ostentation des sérails ne sert
souvent qu’à cacher la honte d’un affaiblissement
physique. Voici ce que Rohrbacher, à la page 45
du tome X de son *Histoire universelle de l’Église*, a
eu raison de dire sur cette nouvelle plaie, si peu
connue : « Mahomet ne laissait après lui qu’une
fille, Fatime. Tous les garçons qu’il avait eus
étaient morts depuis plus ou moins longtemps.
Cette privation de postérité masculine l’exposa, de
son vivant, à bien des railleries ; ses envieux lui
donnaient le sobriquet de *Abtar*, c’est-à-dire quelqu’un à qui l’on a coupé la queue. Il n’épousa
qu’une seule vierge ; toutes les autres étaient ou
veuves ou répudiées. »

Partout un harem est un luxe. Les eunuques se
permettent un harem aussi effrontément que les
autres ; on donne un harem aux garçons à un âge
où ils ont encore besoin de poupées. On établit un
harem comme dans nos pays on entasse des bibliothèques qu’on ne lit point, des galeries de tableaux
qu’on ne regarde point, des curiosités dont on ne
reconnaît le mérite que par le prix qu’elles coûtent.

« La polygamie, remarque Domeny de Rienzi, dans *l'Océanie*, de l'*Univers pittoresque*, est en usage dans toute l'Océanie, ainsi que dans l'Orient ; mais elle est plus particulièrement pratiquée par les grands et les chefs ». Or, cette Océanie qui forme plus de la moitié de la surface du globe, n'a pas plus de vingt-cinq millions d'habitants.

« Le Mahométisme, il est vrai, remarque De Bonald, permet la polygamie ; mais elle est un luxe des gens riches, plutôt qu'une habitude nationale et populaire. » Dans son *Voyage* à *Constantinople*, Théophile Gautier constate qu'il « n'y a guère que les gens très riches qui aient un sérail, et que tous les dignitaires sont généralement si gros, qu'ils peuvent à peine se remuer ». Un séjour en *Asie Mineure et Syrie* amène la princesse de Belgiojoso à dire : « Il est rare que le paysan épouse plusieurs femmes, et cela n'arrive guère que dans des circonstances extraordinaires, par exemple lorsqu'un journalier, un serviteur, un infirmier enfin, épouse la veuve de son maître, événement qui n'a lieu que dans le cas où la dame n'est plus d'âge à espérer un parti plus brillant. Le serviteur se trouve, grâce à ce mariage, un peu plus riche qu'il n'était, et après quelques années de fidélité conjugale, s'apercevant que les années ont marché plus vite pour sa femme que pour lui, il profite de sa fortune pour s'adjoindre une compagne plus à son goût. Je ne connais guère de paysans polygames que ceux qui ont épousé, dans leur première jeunesse, une vieille femme possédant quelque bien. A part cette exception, le ménage du paysan turc ressemble à celui du paysan chrétien, et, je le dis à regret, le premier pourrait souvent servir de modèle au second. »

Littré est convenu, un jour, que la moyenne de la longévité a augmenté depuis le christianisme, et que la France voit mourir, chaque année, plus de cent cinquante centenaires. Il n'y a d'exception que dans les pays qui ont fermé les yeux à l'Évangile. « Je remarque, disait Chardin, sous Louis XIV, que l'on ne pousse point en Orient la vie si loin, surtout aux Indes, qu'on le fait en Europe, chose que j'attribue à ce qu'ils se servent trop tôt et trop fortement des femmes, s'excitant, nonobstant la chaleur de leur climat, laquelle est extrême, par des confections qui les consument à mesure qu'elles les animent. » Dans son *Voyage en Syrie*, Volney dit aussi : « A raison de la polygamie, permise par le Coran, la plupart des Turcs s'énervent de bonne heure, et rien n'est plus commun que d'entendre des hommes de trente ans se plaindre d'impuissance; c'est la maladie pour laquelle ils consultent davantage les Européens, en leur demandant des pilules aphrodisiaques. Le chagrin qu'elle leur cause est d'autant plus amer, que la stérilité est un opprobre chez les Orientaux : ils ont encore, pour la fécondité, toute l'estime des temps anciens, et le plus heureux souhait que l'on puisse faire à une jeune fille, c'est qu'elle ait promptement un époux et qu'elle lui donne beaucoup d'enfants. Ce préjugé leur fait prématurer les mariages, au point qu'il n'est pas rare de voir unir des filles de neuf à dix ans à des garçons de douze ou treize. Cette prématurité doit encore être comptée parmi les causes de l'impuissance. L'ignorance des Turcs se refuse à le croire, et ils sont si déraisonnables sur cet article, qu'ils méconnaissent les bornes de la nature, dans les temps même où leur santé est dérangée. » De nos jours, même résultat dans la *Correspondance* de Victor Jacquemont. Le 1er novembre 1830, ce voyageur écrit à M. Prosper Jacquemont : « Une des maladies les plus communes en Orient, c'est une impuissance précoce. Les Levantins savent très bien s'en relever de temps à autre par l'usage des cantharides; mais, à l'est de la Perse, ce moyen est inconnu. » En 1831, dans une lettre à M. de Meslay, l'observation est confirmée : « J'ai une quantité de médecines héroïques qui tuent leur homme ou le sauvent dans les vingt-quatre heures, et quantité d'élixirs les plus immodestes, teintures de cantharides, qui me feront bien des amis. Rien de si commun, dans les hautes classes, que l'impuissance à vingt-cinq ans. Ils viennent à vous, sans vergogne, vous content leur cas piteux, persuadés que nous avons toujours, nous autres docteurs de l'Occident, quelques moyens de les délivrer passagèrement de leur incapacité. Une pillule de cantharides fait l'affaire. »

Nous avons vu Théophile Gautier s'étonner de l'obésité des hommes à harems. Il est porté à croire que « les grands seraient les gras, et les petits, les maigres ». Nos conseils de révision ont admis parmi les cas de réforme la précocité de l'obésité. A Sparte, on suspectait l'embonpoint et on punissait l'obésité.

On remarque que les femmes maigres sont très fécondes ; leur grossesse est peu douloureuse et leurs couches sont ausssi courtes que faciles. Au contraire, les femmes grasses ont de la peine à enfanter ; elles souffrent longtemps, après comme avant leur travail ; elles sont généralement stériles. C'est probablement pour cette raison qu'on recherche pour les harems des filles qui touchent déjà prématurément à l'obésité. De là cette remarque de Volney, dans son *Voyage en Syrie* : « Les tailles étranglées que parmi nous on recherche ne sont pas estimées en Orient ; et les jeunes filles, d'accord avec leurs mères, emploient de bonne heure jusqu'à des recettes spirituelles pour acquérir de l'embonpoint. » Le peu d'exercice que prennent toutes ces femmes qui passent leur vie sur des coussins contribue aussi beaucoup à les engraisser à vue d'œil.

Chez les oiseaux de proie, la femelle est toujours plus grande et plus dodue que le mâle, ce qui a valu à ce dernier le nom de tiercelet ; elle pond moins d'œufs que les autres femelles de toute espèce d'oiseaux.

Toutes les plantes doubles, comme la rose double, sont stériles et ne se reproduisent que par boutures. Dans l'*Esprit des Bêtes*, Toussenel tire cette conséquence : « La rose double avait dit, dès le lendemain de son invention par les Rhodiens, qu'une fleur qui devient double est une fleur qui transforme ses étamines en pétales, et qui par conséquent devient stérile par exubérance de sève et de richesse. Que si vous refusiez d'en croire la rose double sur parole, je vous renverrais à l'opinion de la vache grasse et de la jument grasse, que leur embonpoint rend stériles. Enfin, je vous appellerais en dernier recours devant l'autorité des carpes de Sologne. Demandez aux propriétaires de cette contrée, chère à la bécassine, comment ils se conduisent à l'endroit de la multiplication des carpes. Ils vous répondront que les étangs de la Sologne sont si favorables à la croissance des carpes, que la rapidité du développement de leur taille les rend tout à fait infécondes, et qu'ils sont obligés, eux propriétaires, pour conserver de la graine de leur poisson, d'avoir des carpières de misère où ils tiennent les carpes exclusivement destinées à la reproduction. Ces carpières spéciales à la reproduction sont d'étroites pièces d'eau où les carpes femelles sont entassées par myriades, sont les unes sur les autres, meurent de faim, en un mot. Ne pouvant profiter, ces carpes pondent, et ces pondeuses fécondes ont été baptisées en Sologne du nom significatif de peinard. » Les éleveurs ont la précaution de diminuer insensiblement, tous les jours, la ration de toutes les femelles qu'ils se disposent à faire couvrir, afin d'être plus sûrs de l'efficacité de la monte. Rien de plus facile que d'engraisser promptement les bipèdes et quadrupèdes de l'un et de l'autre genre, dans une basse cour, dès qu'on a blessé les organes de la génération.

Ainsi, tout dans la nature démontre que l'obésité est un signe d'affaiblissement de l'instinct reproducteur. Les hommes ne sauraient échapper à cette loi. Suivant le développement de l'abdomen, on peut juger de l'amortissement des passions. Les proportions de celui-là indiquent les phases de celui-ci. A mesure qu'on devient plus gros, ventripotent, on se perd de plus en plus dans le dédale de l'impuissance. On formerait sans peine une *Légion de la Bedaine;* Henri VIII en serait l'empereur, à moins qu'on ne préfère à ce Don Bedaine, le ventre retenu par un cercle de fer, le ventre à terre de ce protecteur de Luther, de cet électeur de Saxe qui était si gros, si gros, si gros qu'il ne voyageait qu'en chariot, parce qu'on ne put jamais trouver de cheval assez fort pour le porter. Il y a pour tous les grades un nombre suffisant de sujets, comme nous aurons l'occasion de le dire plus loin. Une seconde *Légion* serait celle *de la Lymphe;* son cadre serait rempli par des individus dont la constitution intérieure se cache plus longtemps, mais qui finit par se trahir par une misanthropie continuelle, progressive, qui s'en prend à Dieu et au genre humain.

La *Légion de la Bedaine* et la *Légion de la Lymphe* abondent en amateurs des temps primitifs. Mais la *Genèse* ne parle de la destruction de Sodome que dans le vingt-et-unième siècle, et c'est dans le trentième qu'elle mentionne le crime d'Onan.

Dans l'*Océanie*, de l'*Univers pittoresque*, Domeny de Rienzi fait cette remarque : « Tous les peuples de race noire, dans quelque partie du monde qu'on les observe, semblent méconnaître les habitudes d'une modeste pudeur. Une nudité complète est pour eux l'état de nature. Ils n'ont jamais cherché à voiler à tous les yeux des organes peu faits pour être montrés au grand jour. » Ce qu'il y a de singulier, c'est de trouver dans nos climats des amateurs de la nudité. Le valétudinaire Bayle trouvait la nudité très naturelle. Théophile Gautier désirait la *sainte nudité*, et Lamartine a cru exposer une *sainte obscénité*. Mais Livingstone, qui a eu l'occasion d'examiner, en Afrique, une multitude d'hommes habituellement tout nus, affirme qu'ils sont d'une laideur repoussante; et l'on a constaté que les sauvages, qui se rapprochent le plus de l'orang-outang par leur dégradation physique, ont aussi sa tristesse sombre et taciturne.

Rousseau et d'autres, qui en veulent à tous les bénéfices que la civilisation doit au christianisme, ont exalté la constitution des sauvages. Mais Livingstone, qui passa des années à explorer les diverses régions les plus inconnues de l'Afrique, affirme que les sauvages supportent moins longtemps et plus difficilement les voyages, les émigrations, les fatigues, que les Européens.

Prosateurs et poètes semblent envier comme un idéal la liberté des sauvages à qui peu suffit, et qui se livrent au plaisir sans remords, puisqu'ils ne sont retenus ni par la religion ni par la morale de la société. Mais voici que De Bonald dit, dans son ouvrage sur le *Divorce :* « La passion de l'amour est plus faible dans l'homme à mesure qu'il est plus voisin de l'état barbare, et plus fort dans la brute à mesure qu'elle se rapproche de la vie sauvage. Tous les hommes trouvés dans les bois ont montré de l'éloignement pour les femmes, et réciproquement. » Dans ses *Recherches philosophiques*, il est du même avis : « Plus est sauvage l'état dans lequel vivent les hommes, moins ils éprouvent les effets

de cette passion si impérieuse, si exaltée, si active
chez les hommes qui connaissent les lois et les arts,
c'est-à-dire la défense et l'aiguillon des passions; et
rien ne le prouve mieux que la nudité des deux
sexes, qui est une des habitudes de la vie sauvage et
même un de ses caractères. » Éclairé par l'anatomie
comparée, Buffon a tiré de la faiblesse et de l'exi-
guïté des organes de la génération la preuve de la
froideur des sauvages pour le plaisir. Les anciennes
Mexicaines allaitaient leurs enfants pendant quatre
ans, et étaient regardées comme des infâmes si
elles devenaient grosses avant le sevrage. Dans
l'Océanie, il y a des îles où les mères font durer
l'allaitement jusqu'à dix ans; partout les femmes ne
mangent pas avec les hommes; elles sont généralement esclaves, regardées comme des bêtes de
somme, condamnées aux travaux les plus pénibles
et les plus abjects, et traitées comme des animaux
sans âme; les hommes vont jusqu'à confondre leurs
sœurs, leurs filles, leurs mères, dans leurs brutales
passions. Voilà le plus beau du tableau de l'amour
qu'a donné Domeny de Rienzi pour cette Océanie
si vaste, de climats si variés, qui jouit perpétuellement de l'enchantement du printemps, d'une chaleur modérée, et qui n'a à redouter que les oura-
gans et les tremblements de terre.

Domeny de Rienzy, qui a étudié toute l'Océanie,
dit : « Je n'ai jamais vu un sauvage en embrasser

un autre de son sexe, ou même d'un sexe différent. Chez la plupart des insulaires du grand Océan, la manière de saluer consiste à se frotter mutuellement nez contre nez. Comme dans toute la Polynésie. la Nouvelle-Zélande se salue par le frottement du nez et n'a aucune idée du baiser des Européens. Le salut par attouchement du nez existe à des distances de quinze cents lieues. » Dans ses *Voyages de découvertes aux terres australes*, de 1800 à 1804, Francois Péron a fait des observations du même genre que De Bonald n'a pas hésité à citer, dans ses *Recherches philosophiques :* « En vain, dit Péron, je m'adressai successivement à plusieurs d'entre eux pour leur faire concevoir ce que je désirais connaître (s'ils avaient dans leur langue les mots d'embrasser et de caresser); leur intelligence se trouvait en défaut. Quand, pour ne laisser aucun doute sur l'objet de ma demande, je voulais approcher ma figure de la leur pour les embrasser, ils avaient pris cet air de surprise qu'une action inconnue excite en nous et que j'avais observé déjà parmi les indigènes du canal d'Entrecasteaux ; et quand, en les embrassant effectivement, je leur disais : « Comment cela s'appelle-t-il ? — Je ne sais pas », était leur réponse. L'idée de caresser paraît leur être étrangère. En vain je leur faisais des gestes propres à caractériser cette action ; leur surprise annonçait leur ignorance. Ainsi donc ces deux actions si pleines de charmes et qui nous paraissent si naturelles, les baisers et les caresses affectueuses sembleraient inconnues à ces peuplades féroces et grossières. Je n'ai jamais vu, soit à la terre de Diémen, soit à la Nouvelle-Hollande, aucun sauvage en embrasser un autre de son sexe ou même d'un sexe différent. »

Dans son *Voyage dans la mer Pacifique*, de 1821 à 1823, le capitaine anglais Parry a dit à propos d'une tribu d'Esquimaux de l'Amérique septentrionale : « Quoique les Esquimaux soient naturellement flegmatiques, ils ne sont pas étrangers à la tendresse conjugale, et l'on voit fréquemment de jeunes couples frotter leur nez l'un contre l'autre, ce qui est une plusgrande preuve d'affection. » C'est par ce frottement de nez que les Esquimaux témoignent leur reconnaissance aux étrangers dont ils ont reçu quelque cadeau d'Europe.

Dans ses *Études historiques sur la civilisation*, M. Faliès ne signale aucun exemple de sodomie dans l'Océanie ; il n'a cité que deux peuplades anciennes de l'Amérique adonnées à ce vice qui avait dû être importé de l'Orient.

On ne signale guère que deux peuplades qui aient pratiqué l'épicuréisme jusqu'au cynisme dans l'Océanie. Dans l'île de Rotouma, le mariage se consommait publiquement ; les Taïtiens avaient le même usage ; ils formaient des compagnies des deux sexes où la promiscuité était un droit pour chaque membre; chaque homme pouvait prendre et laisser la femme qui lui plaisait; toute femme usait de la même faculté, à sa volonté. Le plaisir était le seul but de l'association.

III

En Orient, la précocité et l'abus de la volupté finissent par l'impuissance. Dans l'Océanie et l'Amérique, la frigidité est très commune, pour ne pas dire universelle; l'affaiblissement de la constitution empire avec l'usage des liqueurs, la passion du jeu, le défaut d'hygiène.

Dans nos sociétés civilisées, l'impuissance provient des mêmes causes physiques et se manifeste sous des caractères plus ostensibles. Il est certain qu'elle occasionne un malaise si intense, si continu, que les Pères de l'Église n'ont pas hésité à la compter au nombre des tourments de la damnation. Milton n'était que l'écho de la tradition, quand il fait dire à un damné un aveu que rend ainsi Chateaubriand : « Moi, je suis jeté à l'enfer, où ne sont ni joie, ni amour, mais où brûle un violent désir (de nos tourments qui n'est pas le moindre), désir qui, n'étant jamais satisfait, se consume dans le supplice de la passion. »

Tertullien disait autrefois aux *Nations* : « Il doit y avoir quelque chose de bon dans une Religion qu'il suffit de connaître pour l'aimer. Il ne vous vient aucun doute ; vous ne voulez point en faire l'expérience. On dirait que pour notre religion seule la curiosité naturelle à l'homme s'est éteinte en vous. Vous aimez à ignorer ce que les autres se réjouissent de connaître. Vous voulez même ne pas connaître ce que vous haïssez, comme si vous saviez déjà qu'en l'étudiant vous seriez forcés d'abjurer votre haine. » Devant les mystères de la religion s'est humilié et agenouillé tout ce qu'il y a de beau, de grand, d'élevé, de génie, de science dans la société ; les impuissants qui n'ont jamais dépassé la médiocrité en tout, et qui n'ont que la supériorité de la laideur, de la pauvreté, de la bâtardise, haïssent la religion parce qu'ils n'aiment rien, par la raison qu'ils ne sont point aimés ; le cœur leur fait mal à la tête, disait un évêque du XVIIIe siècle ; ils ont toute espèce de curiosité, sauf celle de la seule connaissance qui console et satisfait quiconque la cultive ; ils passent leur vie à chercher des sujets de leur haine native dans des hypothèses et des objections sans cesse victorieusement combattues par des écrivains auprès desquels ils restent comme des pygmées.

L'impuissance a pu faire illusion dans les siècles précédents, parce qu'elle était rare et honteuse ; maintenant qu'elle est devenue assez commune, elle s'est montrée indiscrète et même bavarde.

René est resté mystérieux ; il a beaucoup dit, mais il n'a pas dit son dernier mot.

En 1826, Latouche a abordé l'impuissance dans un roman intitulé *Olivier*, qui a obtenu une réimpression immédiate. Stendhal publiait, en 1827, dans *Armance* roman aussi, un Octave dont le caractère paraît incompréhensible et dont on ne saisit bien les bizarreries, les inconséquences, le goût du suicide, et le suicide final, que lorsqu'il avoue qu'il est un monstre ; cet Octave est impuissant.

Georges Sand n'admettait point d'enfer ; elle va nous montrer dans l'impuissance ce qu'il y a déjà d'infernal dans l'état d'une âme qui n'est pas maîtresse de ses sens. Elle abhorrait la confession ; elle n'en a vu que des abus presque chimériques, et n'en a pas deviné le côté naturel ; elle est destinée à commencer la confession générale des êtres qui se confessent au monde entier des lecteurs moqueurs, plutôt que de se confesser à des prêtres qui les consoleraient et leur garderaient le secret le plus inviolable. Or, dans ses *Questions d'art et de littérature*, volume de 1879, on trouve ces observations écrites par Georges Sand, en mai 1833, à propos d'*Obermann*, de Sénancour :

« Le mal de Werther, celui de René, celui d'Obermann, ne sont pas les seuls que la civilisation avancée nous ait apportés, et le livre où Dieu a inscrit le compte de ces fléaux n'est peut-être encore écrit qu'à la première page. Il en est un qu'on ne nous a pas encore officiellement signalé, quoique beaucoup d'entre nous en aient été frappés ; c'est la souffrance de la volupté dépourvue de puissance. C'est un autre supplice que celui de Werther, se brisant contre la société qui proscrit sa passion ; c'est une autre inquiétude que celle de René, trop puissant pour vouloir ; c'est une autre agonie que celle d'Obermann, atterré de son impuissance ; c'est la souffrance énergique, colère impie de l'âme qui veut réaliser une destinée et devant qui toute destinée s'enfuit comme un rêve ; c'est l'indignation de la force qui voudrait tout saisir, tout posséder, et à qui tout échappe, même la volonté, au travers de fatigues vaines et d'efforts inutiles ; c'est l'épuisement et la condition de la passion désapprouvée ; c'est, en un mot, le mal de ceux qui ont vécu.

« René et Obermann sont jeunes. Il est des plantes à la fois trop vigoureuses pour céder aux vains efforts des tempêtes et trop avides de soleil pour fructifier sous un ciel vigoureux. Fatiguées, mais non brisées, elles enfoncent encore leurs racines dans le roc, elles élèvent encore leurs calices desséchés et flétris pour aspirer la rosée du ciel ; mais, courbées par les vents contraires, elles retombent et rampent sans pouvoir vivre ni mourir, et le pied qui les foule ignore la lutte immense qu'elles ont soutenue avant de plier.

« Les âmes atteintes de cette douloureuse colère peuvent avoir eu la jeunesse de René. Elles peuvent avoir répudié longtemps la vie réelle, comme n'offrant rien qui ne fût trop grand ou trop petit pour elles ; mais à coup sûr elles ont vécu la vie de Werther. Elles se sont suicidées comme lui par quelque passion violente et opiniâtre, par quelque sombre divorce avec les espérances de la vie humaine. La faculté de croire et d'aimer est morte en elles. Le désir seul a survécu, fantasque, cuisant, éternel, mais irréalisable, à cause des avertissements sinistres de l'expérience.

« Il appartient peut-être à quelque génie austère, à quelque psychologue rigide et profond, de nous montrer la souffrance morale sous un autre rapport encore, de nous dire une autre lutte de la volonté contre l'impuissance, de nous initier à l'agitation, à l'effroi, à la confusion d'une faiblesse qui s'ignore et se nie, de nous intéresser au supplice perpétuel d'une âme qui refuse de connaître son infirmité et qui, dans l'épouvante et la stupéfaction de ses défaites, aime mieux s'accuser de perversité que d'avouer son indigence primitive. C'est une maladie

plus répandue que toutes les autres, mais que nul
n'a encore osé traiter. »

Dans un article consacré à la réception de Sainte-
Beuve à l'Académie française, en 1845, Georges
Sand est revenue sur ce sujet; on peut deviner
comment l'affaiblissement natif conduira à l'impuissance accidentelle, et quelle sera la fin d'une
impuissance radicale. « Il est lui-même, poursuit
l'auteur, un douteur sincère et mélancolique, et
nous ne le flétrirons pas du nom de sceptique. Le
sceptique par nature est froid et dédaigneux. Il ne
peut pas croire parce qu'il ne peut pas aimer, parce
qu'il ne peut pas comprendre. Il est vain et borné;
mais il est d'autres natures élevées et tendres qui
arrivent à la négation par la souffrance, au dégoût
par la facilité, à la fatigue par l'excès du travail et
de la réflexion. Leur incertitude est une maladie
dont ils peuvent guérir un jour, puisqu'ils ont eu la
foi, et s'ils n'en guérissaient pas, on devrait les
respecter encore et les regarder comme une sorte
de martyrs de la pensée. Sainte-Beuve tient à ce
type-là; et si sa chagrine gaieté prend parfois le ton
de l'autre, ceux qui le connaissent, au lieu de se
rire de sa maladie, le plaignent de ce qu'il lui a fallu
souffrir dans le secret de ses rêveries pour avoir
tant d'esprit à propos de choses si sérieuses et si
tristes. »

L'aveu est complet et ne laisse rien à désirer au

sujet des écrivains prédestinés par leur tempérament à la *Légion de la Lymphe*, en attendant qu'ils soient poussés à la *Légion de la Bedaine* par les jouissances de la table et l'abus de la vie sédentaire.

La plupart de ces écrivains qui ont posé en ennemis de l'Église sont morts célibataires, comme l'Arétin, Spinosa, Bayle, Locke, Hume, Gibbon, Voltaire, d'Alembert, Robespierre, Marat, Béranger, Stendhal, Mérimée, Sainte-Beuve. Ceux qui ont pris femme ont laissé peu d'enfants, notamment Henri VIII, Luther, Diderot, Beaumarchais, Goëthe, Byron, Michelet, Villemain ; il en est dont le mariage a été stérile : c'est nommer Calvin, Swift, Maurepas, Rousseau, Frédéric II, Mirabeau, Henri Heine.

Après l'impuissance qui doute de tout, excepté de la grandeur pyramidale de son mérite, il y a la quasi impuissance qui ne doute de rien, excepté de sa fortitude. *René* personnifie cette quasi impuissance qui n'est autre chose que la *timidité*. Il relève assurément de Rousseau, car il est plus Suisse que Français et il n'a rien de la légèreté de sa patrie et de son époque.

Il a plus de religiosité que de religion ; il admet la morale et il ne rejette aucun dogme. Il surabonde de jeunesse et de santé, et se contente d'une fortune médiocre. Il ne hait point la société par la raison qu'il ne la connaît pas. Il devine même qu'il trouverait le bonheur dans le mariage. Ce qui le pousse dans la solitude, ce n'est ni la piété, ni l'étude, encore moins le remords d'Adam, de Caïn, qui auraient voulu dérober leur crime aux regards de Dieu qui est partout et qui voit tout. Plus disposé à se mépriser qu'à s'enorgueillir, ce qu'il fuit, c'est lui-même, et il songe à se débarrasser du fardeau de la vie. Il cède à la tentation de se marier ; il quitte sa femme ; il la reprend plus tard, mais aussi inutilement pour le repos de son esprit. Pourquoi reste-t-il perpétuellement ennuyé ? Il est puni dans son égoïsme. Né timide, il ne travaille point à se corriger de son défaut. Il abhorre tous les sacrifices qui entraînent les relations humaines ; il se prive de tous les charmes de l'amitié comme de l'ivresse de la variété des conversations. Il est capable d'aimer et de se faire aimer. Il ne se donne pas la peine de captiver, ni de subjuguer sa femme. Il l'a désirée, lorsqu'elle lui manquait ; il est embarrassé et embarrassant dès qu'il est le maître de la situation, de sorte qu'il est tour à tour et tout feu et tout glace pour le devoir conjugal. Louis XVI, qui avait cette timidité égoïste de René, a passé sept ans sans consommer son mariage. Le contraste de l'amour de Louis XVI pour la compagnie des dames et de sa frigidité pour son épouse a fait le sujet d'un livre fort intéressant qui est l'histoire d'une multitude de ménages.

L'*Apocalypse* a fait des timides une classe de damnés. Malheur à qui ne songe point à dompter la timidité native dans le commerce naturel de la famille, dans le culte des dames du monde, dans les relations infinies de la société ! René a dû bien souffrir de la pétulance de ses passions, s'il s'est préservé de l'immoralité secrète de la jeunesse de Rousseau. Plus la timidité dure, plus elle multiplie les obstacles à tout mariage convenable ; et qui ne parvient point à se plier à l'usage du monde, à répondre par des qualités personnelles au développement de toutes les facultés que la civilisation a données au beau sexe, s'expose à n'être point aimé ; il ignorera l'amour et sera condamné à se repaître des marchés et de tous les dangers de la prostitution.

L'instinct de la femme est infaillible sur ce point. Rien de plus commun que de voir des filles vertueuses s'allier avec des mauvais sujets, avec des hommes entreprenants qui ont beaucoup vécu et qui pourraient ruiner et battre une jeune, belle et riche épouse. Mais toutes les femmes professent un souverain mépris pour l'homme dont la timidité engendre partout l'embarras.

Cette timidité qui prend secrètement des habitudes honteuses, qui retient dans les débauches du célibat tant d'hommes capables de devenir des chefs de famille, a dû occasionner ces libertés infâmes des hommes qui ne se gênent point entre eux, comme la différence des sexes impose toujours un peu.

Aujourd'hui encore, comme dans l'antiquité où Hérodote a prétendu que les Perses avaient été corrompus par l'exemple des Grecs, l'Orient se signale par le vice contre nature, bien que la polygamie soit admise et qu'une femme soit à bon marché.

On nomme des sultans qui ont eu un sérail de garçons et un sérail de filles. Les Crétois ont passé pour avoir les premiers cultivé ce goût abominable, afin de ne pas augmenter leur population. Les Spartiates ont affiché autant de cynisme. Il fallait qu'il y eût en Grèce des classes plus disposées que d'autres à succomber à la tentation, car Aristophane donnait les mêmes mœurs aux orateurs. Dans ses *Lois*, Platon remarque qu'on signalait comme une exception les hommes qui n'avaient point de commerce avec les femmes et les hommes qui restaient irréprochables dans leurs relations avec leurs semblables. Il a eu beau réfléchir, il n'a pu trouver le moyen de diminuer, et encore moins d'extirper ce fléau de la sodomie qui envahissait toute la Grèce.

Les Romains ne perdirent pas de temps à se souiller comme les Grecs qui pouvaient se réclamer des turpitudes d'Alcibiade, d'Aristote, de Socrate et d'Épicure. Dans son *Histoire de la Prostitution,*

Pierre Dufour nomme les personnages suivants : César, Tibère, Caligula, Néron, Galba, Othon, Claude, Vitellius, Titus, Domitien, Nerva, Trajan, Adrien, Commode, Héliogabale. Tous les écoliers savent que Virgile et Horace n'ont pas caché leur préférence pour leur sexe. Les érudits trouvent tout naturel que Martial et Pétrone aient été plus effrontés.

Les Grecs et les Romains ont fait leurs Dieux à leur image. Tous ces Dieux ont largement payé leur tribut aux femmes en inceste, en adultère, en fornication ; quelques-uns même n'ont pas reculé devant la bestialité ; la plupart se sont affichés par leur amour désordonné des garçons. Une page suffirait au besoin pour montrer dans quel abîme est tombé le Paganisme. Maxime de Tyr, qui ne croyait pas à la corruption de ce laideron, camus et ventru de Socrate, n'a pas hésité à dire dans l'un de ses *Discours philosophiques*, traduits par Formey :

« Nous avons l'exemple d'un Spartiate, qui n'avait été instruit ni au Lycée ni à l'Académie et n'avait aucune teinture de philosophie, lequel rencontrant un jeune adolescent, Barbare à la vérité, mais d'une extrême beauté et dans la fleur de son âge, en devint amoureux (comment aurait-il pu s'en empêcher ?), mais se contenta de repaître ses yeux du plaisir de le voir, sans aller au delà. Je fais plus de cas de cette force d'esprit d'Agésilas que de tous les exploits de Léonidas. En effet, il était plus difficile de vaincre l'amour qu'inspirait ce Barbare que de triompher des ennemis ; ses traits étaient plus dangereux que ceux des Cadusiens ou des Mèdes. Aussi Xerxès foula-t-il aux pieds Léonidas terrassé et força-t-il le passage des Thermopyles. Mais, chez Agésilas, l'amour, qui était entré par les yeux, s'arrêta à la porte du cœur et y demeura : ce qui prouve une bien plus grande vertu. Je lui adjuge incontestablement le prix. Agésilas lui-même me paraît bien plus grand dans cette occasion que quand il poursuit Tissapherne, quand il subjugue les Thébains, quand il endure la flagellation. Celle-ci était destinée à dresser et à fortifier le corps : au lieu que la conduite dont nous avons parlé était un signe évident que son esprit était véritablement dressé, et qu'il s'en était rendu maître par des flagellations réitérées. »

Il n'y a que la *Bible* qui proteste contre la nature et l'universalité de tant d'immondices. Voilà des siècles et des siècles que la mer Morte atteste comment furent châtiés les habitants de Sodome. Le *Lévitique* (xx) condamnait à mort tout homme qui avait joui d'un autre homme, l'agent et le patient du crime ; il a condamné pareillement l'homme qui abusait d'une bête, et la femme qui avait subi cet outrage. Les Juifs paraissent s'être préservés de ces deux abominations.

Il n'y a que l'Évangile qui ait pu maîtriser le torrent de coutumes si étranges. Dans son *Épître aux Romains*, saint Paul commence par flétrir tous les vices contre nature, l'homme qui profanait l'homme et la femme qui se prostituait à la femme. Aussi dans tous les pays chrétiens trouve-t-on des lois terribles contre les sodomites. La Papauté a pris à cœur d'abolir l'Ordre des Templiers, parce que, depuis leurs rapports avec les Sarrazins, un grand nombre d'entre eux s'étaient compromis, suivant l'aveu de fautes honteuses.

Les causes des passions étant les mêmes dans tous les temps, il n'est pas présumable que les abominations disparaissent. Diminuée par l'influence de l'Évangile et réprimée sans cesse par les lois, la sodomie n'a plus été commune à aucune époque; elle fut rare dans le moyen âge. La littérature et l'histoire attestent qu'elle profita de la renaissance de l'antiquité pour se propager. Dans tous les écrits de cette époque, les partis ne cessent de se traiter de sodomites aussi ouvertement que nous nous qualifions actuellement de républicains, de légitimistes, d'orléanistes. Le siècle de Louis XIV n'a conservé la mémoire que d'un petit nombre de l'espèce. Mais avec l'incrédulité du xviiie siècle, ils se sont multipliés au point que la Police, qui n'en avait compté que vingt mille sous la Régence, parvint à en découvrir jusqu'à quarante mille, du temps de Louis XVI, ainsi que je l'ai constaté dans *les Cours et les Salons au XVIIIᵉ siècle*. Aujourd'hui, on estime qu'ils s'élèvent à Paris à environ quatre-vingt mille, comme le chiffre des femmes tolérées. C'est l'effet de ce scepticisme qui pousse insensiblement au paganisme vers lequel incline si hautement l'Institut dont le tiers des récompenses est décerné à des ouvrages relatifs à l'antiquité.

Il s'est trouvé un poète français qui a brillé par l'esprit comme par le cœur, qui a fait de toute l'antiquité toute la comédie qu'elle mérite. A propos d'un *Melon*, Gérard de Saint-Amant s'est abattu sur les attributs des Dieux et des Déesses, les a tous mis en pièces et couverts d'un ridicule qui touche au génie. Il a eu la même verve contre les sodomites, et il est parvenu à leur consacrer ces vers qui sont aussi dégoûtants que le sujet, et que les circonstances forcent de reproduire pour la moralité des amateurs, l'instruction des hommes de goût dont Athènes et Rome possèdent les préférences :

> Que ces empaleurs de Gomorre,
> Ces bougres que mon cœur abhorre,
> Ces infâmes pescheurs d'estrons,
> Ces soldats lasches et poltrons,
> Qui denuez de toute audace,
> N'osent assaillir qu'une place
> Qui, sans tour et sans parapet,
> Ne se défend qu'à coups de pet
> . . . .

Ces vers sont le commentaire du verbe *bougi-
ronner*, créé par notre langue pour désigner l'union
des hommes dépravés.

IV

Dans l'Église d'Occident, les schismes et les hérésies furent moins nombreux et moins durables
que dans toutes les Églises d'Orient. Serait-ce
parce que les ennuques n'y figurent que pour mémoire? Abeilard est le seul hérésiarque fameux qui
ait été mutilé. Sur une trentaine d'anti-papes du
moyen âge, il n'y en a qu'un qui ait été fabriqué
et soutenu par trois ennuques, à l'instigation de
Constantin II, suivant quelques historiens; mais
aujourd'hui Félix II est regardé comme un pontife
légitime et classé parmi les saints martyrs. Michel
Servet crut avoir le droit d'être encore plus héré-
tique que Luther et Calvin. C'était un ennuque
parfait, car des deux marques certaines de la virilité, l'une lui manquait et l'autre avait été extirpée.
Notre roi Henri III ne fut qu'un second Héliogabale,
de caractère comme de figure. Véritable alliage de
christianisme, de moinerie, d'indolence, de cruauté,
de raison, de bouffonnerie, de dévotion, de corrup-

tion ; amateur de processions et de scandales, coureur de prostituées et de gitons qu'il ne laissait que pour les perroquets et une chienaille de milliers de chiens. La vérité est qu'il fut énervé de bonne heure par la débauche, et qu'il cumula, le reste de sa vie, d'incurables maladies honteuses.

L'affaiblissement du principe générateur paraît produire des résultats aussi funestes que sa perte intégrale. L'extinction prématurée de la force vitale coïncide avec la détérioration du sens moral. Sur ce point, les arcanes de la police viennent corroborer la sagesse de la législation religieuse et les conclusions irréfragables de toute l'Histoire. Peuchet, l'homme qui a le plus étudié les rapports des commissaires de police, avait fini par regarder l'impuissance comme la cause la plus ordinaire des suicides. Il ne serait peut-être pas téméraire d'attribuer à cette imperfection occulte autant d'erreurs, de crimes, de délits qu'à l'envie, à l'orgueil, à la débauche.

Les Juifs, qui ont été une nation assez sobre et très féconde, offrent à peine quelques cas de suicide. Chez les Grecs et les Romains, énervés par les contentions d'esprit et la satiété de tous les genres de plaisir, le suicide a été très commun. Platon, qui résume toutes les vérités et toutes les erreurs de son temps, n'ose pas blâmer le suicide, et le tolère en quelques circonstances. Sénèque a autant de bon sens que d'esprit ; mais il est chétif, toujours malade, occupé nuit et jour à braver les terreurs du trépas ; plusieurs fois, il est tenté de se suicider ; il est indulgent pour quelques suicides, et il finit par glorifier le suicide de Caton d'Uttique. Rousseau, le parâtre de l'ennui moderne, a écrit pour et contre le suicide, et a conclu pour le suicide par sa dernière action. Hume est très partisan du suicide. *René*, qui est un bâtard quasi impuissant de l'impuissant Rousseau, songe au suicide. Dans *Armance*, l'impuissant Octave cherche la mort dans les duels, nourrit longtemps l'idée du suicide et succombe à cette tentation. Plus le septicisme se propage, plus le suicide sert de dénouement à la plupart de nos romans contemporains.

Au contraire, la continence est un principe conservateur. En réprimant les passions, on les purifie et on multiplie les effets physiques et moraux. Saint Paul n'a pas hésité à nous faire assister à tous les combats qu'il livrait à la concupiscence. Dans sa jeunesse, saint Bernard s'arrêta pour admirer une fille dont la parure relevait la beauté ; il l'avait fait sans dessein ni désir, par une simple curiosité. Pour se punir de sa légèreté toute platonique, de ce coup d'œil d'artiste, il courut se plonger dans un étang très froid et il n'en sortit qu'au moment où ses sens furent aussi glacés que l'eau. Job avoue qu'il avait pactisé avec ses yeux, afin de ne pas même penser au sexe. Comment les saints vont-ils se délivrer de l'esprit de fornication? Saint Pierre Damien qui mourut cardinal et évêque d'Ostie, et saint Didace, de l'ordre des Frères Prêcheurs, n'hésitèrent point à se jeter dans des ondes glaciales. Saint Pierre d'Alcantara suivit cet exemple, mais après s'être longtemps et fortement frictionné avec des épines. Sainte Marie-Madeleine de Pazzi se roula sur un tas de ronces et d'épines. Saint François d'Assises aussi se flagella avec des épines très longues; une autre fois, il se servit d'une discipline de fer, et, lorsqu'il ne fut plus que sang et plaies, il s'étendit sur la neige et n'en bougea qu'après la fuite de toute image de luxure. Saint Benoît, le patriarche des moines d'Occident, se dépouilla de son froc, se coucha tout nu dans un champ de ronces et d'épines et s'y retourna de tous les côtés, jusqu'à ce qu'il fût couvert d'écorchures et de plaies et que le sang lui ruisselât de tous les pores. Afin de payer tous ses comptes à la matière en une seule fois, saint Macaire d'Alexandrie choisit un marais pour résidence; pendant six mois consécutifs, il y subit toutes les morsures d'une nuée de moucherons dont les dards aigus changèrent sa vie en martyre et le réduisirent à un si piteux état qu'on ne le reconnaissait plus qu'à la voix, à cause des ulcères et du sang dont il était tout chargé. Voilà pour le triomphe des pensées impures. Voici comment les saints s'y prenaient quand il fallait lutter corps à corps dans le tête-à-tête. Saint Martinien menait la vie d'ermite ; le naufrage lui amène une femme ; la charité ne lui permettait pas de la renvoyer ; mais ce commerce allait devenir dangereux ; le saint gagna la mer, s'abandonna aux flots et fut porté par les dauphins dans une autre solitude. Saint Guillaume, ermite, reçut une déclaration des plus tendres, des plus provocantes ; pour répondre à l'intensité de cette flamme, il s'empressa de se fabriquer un lit de charbons ardents, se posa languissamment dessus, et invita son amoureuse à venir lui tenir compagnie. Saint Pierre Gonzalès, de l'ordre des Frères Prêcheurs, et saint François d'Assises, recoururent deux fois à ce moyen très efficace pour éviter les pièges que les filles des hommes tendent aux fils de Dieu. La caducité de la vieillesse se tient encore sur ses gardes comme l'impétuosité de la jeunesse, la force de la maturité de l'âge, et est aussi ingénieuse en expédients pour chasser le tentateur qui ne vieillit et ne dort jamais. Saint Jérôme a tant inspiré d'artistes, que les voyageurs se fatiguent à admirer ses portraits dans les galeries de Rome et de Florence ; dans sa grotte de Bethléem, saint Jérôme, appesanti par les années, se frappait la poitrine avec des pierres pour arrêter l'élan des mouvements charnels, provoqués par le souvenir des plaisirs de Rome, que son imagination lui peignait sous les traits les plus enchanteurs. Plié en deux comme un volume, et dejà sur le bord de la fosse, saint Liguori disait en pleurant : « J'ai quatre-vingt-huit ans, et le feu de ma jeunesse n'est pas encore éteint.» L'usage de la discipline a été recommandé dans tous les ordres religieux pour le même motif. Il y a des chrétiens qui demandent aux médecins des potions calmantes contre le feu de la jeunesse ou l'énergie d'une verte vieillesse, comme on voit des gens de tous les âges, épuisés par les excès, recourir à eux pour recouvrer les forces perdues et réparer des ans l'irréparable outrage.

Le mot d'impuissance a été lâché. On peut actuellement s'en servir sans scrupule. Dans un article sur les *Dix-neuf conciles œcuméniques*, publié par la *Revue du Monde catholique* le 25 juillet 1868, M. Eugène Veuillot, directeur de cette *Revue*, a laissé passer, à propos d'un concile de Constantinople, de 672, ce galimatias d'absurdité et d'obscénité : « Le concile continua à imposer le célibat aux évêques ; il permit le mariage aux prêtres ; il interdit même aux prêtres mariés la continence, excepté pendant le temps où ils devaient célébrer le saint sacrifice. » Le journal *le Monde* n'a pas hésité à reproduire l'article d'un ecclésiastique sur les soins nécessités par ces accidents que l'ancienne presse religieuse eût rougi de nommer. Il est certain que de toutes les maladies ce sont celles qui s'attaquent aux organes de la génération qui rapportent le plus aux médecins. M. Ricord, dont la spécialité est connue partout, a gagné jusqu'à cinq cent mille francs, une année d'Exposition; sa clientèle lui donne une moyenne de revenu annuel de trois cent mille francs. Le traitement des cas d'impuissance est aussi une fortune; il a procuré jusqu'à cinquante et un mille francs, une année d'Exposition, à un docteur qui s'en occupe exclusivement; en temps ordinaire, c'est une affaire de quarante mille francs en moyenne. La dégénérescence des races est si universelle et si visible qu'il est impossible de la cacher. La France chevelue n'est plus que la France chenue. La plupart des hommes ont une tonsure aussi large que celle des moines; il faudrait bien des tas de ces couronnes de cheveux pour composer une ancienne queue du temps de l'Empire; la tête est comme un troisième genou. Pour les femmes, les faux cheveux sont devenus aussi bien une nécessité qu'une manie de mauvais goût; il n'y en a guère qui pourraient se faire avec leur propre chevelure un manteau de pudeur, comme sainte Marie-Magdeleine, sainte Marie l'Égyptienne. Les *Révélations* de la sœur de la Nativité avaient fortement recommandé aux confesseurs de ne point laisser leurs pénitentes dans l'ignorance des crimes du mariage qui deviennent une cause de damnation. La diminution de la population est expliquée par l'abus des unions licites et illicites. Aujourd'hui les médecins attribuent à l'onanisme la plupart des maladies qui détériorent la beauté des femmes et abrègent leurs jours. Aussi, dans son livre sur la *Femme*, de 1859, Michelet n'a pas hésité à signaler l'universalité des maladies de la matrice comme le fléau du siècle.

Ainsi toutes les ressources de la civilisation moderne n'ont abouti qu'à la décadence des races, et démontrent leur infériorité en face des nations les moins éclairées. Dans ses *Études historiques sur la civilisation* des deux Amériques et de l'Océanie, M. Faliès constate que les indigènes ont conservé une constitution aussi forte qu'admirable. Là point de difformités ni de tempéraments débiles ; aucun cas de calvitie ; les cheveux ne blanchissent pas et restent dans leur couleur primitive ; les dents ne tombent pas plus que les cheveux ; la vieillesse rappelle plutôt l'automne que l'hiver de l'âge. Les mères allaitent leurs enfants au moins deux ans, le plus souvent quatre ans et parfois dix ans.

La continence n'est pas aussi contraire à la nature qu'on pourrait le penser. Dans sa conférence, de 1844, sur l'*impuissance des autres doctrines à produire la chasteté*, le Père Lacordaire n'a pas hésité à dire : « Le tiers du monde est appelé à la continence absolue, et les deux autres tiers à la continence modérée. »

En effet, la puissance de la virilité est très bornée. Au chapitre XVII du livre XIV de la *Cité de Dieu*, saint Augustin a fait cette remarque dont nous empruntons la récente traduction à M. Barreau : « Ceux mêmes qui aiment cette volupté, soit dans le légitime mariage, soit dans les commerces honteux de l'impudicité, ne sont pas émus à leur gré. Quelquefois ces mouvements importunent ceux qui ne les désirent pas, quelquefois il abandonnent ceux qui en convoitent les ardeurs, et tandis que l'âme est en feu, le corps demeure glacé. Ainsi, par une étrange merveille, non seulement cette passion déréglée résiste aux légitimes désirs, mais encore aux désirs impudiques de la concupiscence. Et tandis que souvent elle s'oppose de tout son pouvoir aux efforts de l'esprit qui voudrait la réprimer, d'autres fois elle se divise contre elle-même, elle soulève l'âme sans émouvoir le corps. » Les esclaves du plaisir se voient donc souvent forcés de violer la nature, puisque la dépravation *aspire à des secousses égoïstes, à des effroyables pulsations*, ainsi que le proclama le Père Lacordaire, en 1844, dans sa fameuse *Conférence sur la chasteté produite dans l'âme par la Doctrine catholique.*

Dans ces moments de défection, la nature ne manque pas de chercher un auxiliaire dans la force des vins généreux ; mais ce n'est souvent qu'une nouvelle déception. Dans la scène III de l'acte II de *Macbeth,* il est dit de l'ivresse, suivant la traduction de M. Montégut : « Quant à la paillardise, cela y pousse et en repousse ; cela provoque le désir, mais empêche l'exécution : par conséquent boire beaucoup peut s'appeler équivoquer avec la paillardise : cela la crée et cela l'éteint ; cela la pousse en avant et cela la retire en arrière ; cela la conseille et cela la décourage ; cela la fait lever et cela la fait baisser ; pour conclure, cela l'embrouille dans l'équivoque du sommeil et la laisse après lui avoir donné le démenti. » Aussi Winckelman a-t-il noté que chez les Grecs, la beauté de Bacchus est mixte, procédant des formes combinées des deux sexes et paraissant parfois empruntée à la nature des eunuques.

Platon et Sénèque ont toléré l'ivresse, mais seulement à de rares intervalles et pour quelques jours de fête. Dans ses *Lois*, livre VI, Platon blâme l'ivresse, conseille la sobriété pendant les noces et défend tout excès de boisson aux maris qui ont l'intention de s'acquitter du devoir conjugal. Dans le livre II, il interdit le vin aux jeunes gens jusqu'à leur dix-huitième année ; il en permet l'usage modéré jusqu'à la trentième année ; ce n'est qu'aux hommes qui ont atteint quarante ans qu'il accorde la liberté de se livrer à la joie des banquets et de chercher dans le vin une précaution contre les défaillances de la nature. A l'en croire, les Crétois et les Spartiates, à l'exemple des Carthaginois, avaient prohibé le vin pour les esclaves des deux sexes qui habitaient une cité, pour les soldats qui étaient en campagne ou sous les armes, pour les magistrats qui avaient une charge annuelle, pour les juges qui devaient assister à une assemblée et y délibérer sur quelque objet important. Comme en Orient l'usage du vin dégénère vite en abus, Mahomet n'a pas manqué de proscrire le vin à ses disciples; c'est à cette abstinence aussi bien qu'à une forte discipline que les Mahométans ont dû leurs succès. Les sultans ont conservé cette loi, autant qu'ils l'ont pu. N'importe dans quel pays, l'habitude de l'ivresse a pour résultat immédiat l'impuissance. Les liqueurs sont encore plus pernicieuses que le vin; leur effet est plus prompt et plus incurable. Il est incontestable que l'ivresse est la cause la plus commune de la dégénérescence de notre société. Lamartine a remarqué que César eut tous les vices, sauf l'ivresse. Les hommes à femmes n'ont pas été classés parmi les ivrognes. Le maréchal de Richelieu n'aurait point conservé sa verdeur jusqu'à quatre-vingt-douze ans, s'il avait plus cultivé Bacchus que Vénus.

L'*Exode*, ch. 1er, remarque que plus les Juifs étaient opprimés en Égypte, plus ils se multipliaient à étonner les indigènes. Les Irlandais sont aussi sobres et religieux que les Israélites; leur misère est aussi féconde. Dans un siècle, il y aura cent millions d'Irlandais issus de ces essaims de la patrie qui vont émigrer en Amérique et en Océanie.

V

Toutes les fameuses religions ne se sont établies et conservées qu'en favorisant la licence des passions; Mahomet n'a pas manqué d'accorder la polygamie, et le Protestantisme semble la tolérer par la concession du divorce. De là chez tous les peuples païens des fêtes dont l'immoralité contraste avec le fonds de toutes les traditions religieuses, soit sur la virginité, soit sur le mariage, soit sur l'éducation. La mythologie n'est partout qu'une école de corruption, et le temple qu'une succursale de la prostitution. Il faut que les moments de la puissance de virilité soient bien rares, pour que tous les cultes aient employé les arts et les lettres à monter l'imagination des croyants par des pratiques, des tableaux, des chants en l'honneur de la volupté et de l'ivresse. Le mystère de la génération est donc une chose bien difficile pour que les anciens aient cru devoir appeler à leur aide un chœur de dieux et de déesses. On jugera de leur embarras par quelques citations d'auteurs aussi graves que sincères.

Voici le témoignage d'Hérodote, que nous donnons sur une traduction récente : « La plus honteuse

des lois de Babylone est celle-ci : Toute femme in-
digène est obligée de s'asseoir, une fois en sa vie,
dans le temple de Vénus, et de se livrer à un étranger. Plusieurs qui, fières de leurs richesses, dédai-
gnent de se mêler aux autres femmes, se rendent
au temple en char couvert, escortées d'une multitude de servantes ; la plupart agissent comme il
suit : elles s'asseyent dans l'enclos sacré, la tête
ceinte d'une corde ; elles sont là en grand nombre ;
les unes entrent, les autres sortent. Elles laissent
entre elles, de tous côtés, des chemins alignés que
les étrangers parcourent, après quoi il choisissent.
Dès qu'une femme est assise, elle ne retourne plus
à sa maison avant qu'un étranger ait jeté sur ses
genoux une pièce de monnaie et se soit uni avec
elle hors du temple. Quelque médiocre que soit le
présent, la femme ne doit pas le refuser; ce n'est
point permis, car cet argent est sacré. Elle suit le premier qui le lui jette ; elle ne dédaigne personne. Lorsqu'elle s'est livrée, elle a satisfait à la loi, à la déesse ;
elle retourne dans sa maison. Celles qui sont belles,
grandes et bien faites, ne tardent pas à s'en aller.
Les contrefaites attendent longtemps, faute de pouvoir accomplir la loi. On en a vu rester jusqu'à trois
ou quatre ans. Il y a quelque part en Chypre une
coutume qui se rapproche de celle-ci. » Dans son
livre sur l'*Océanie*, Domeny de Rienzi prouve l'é-
tendue et la durée de cette coutume : « Les Phéni-

ciens paraissent avoir eu des fêtes religieuses desquelles la prostitution des femmes de tout rang faisait partie. A Hiéropolis, la déesse Margaté reçut jusqu'au temps de Constantin ce genre de culte dont il reste, de nos jours, des traces dans l'usage adopté dans quelques villages, de supplier les voyageurs de jouir des femmes et des filles de l'endroit. Chez les Arméniens, les familles les plus distinguées livraient leurs filles au même culte dans le temple d'Anaïtis, et c'était même un moyen de les marier honorablement. Les indigènes non chrétiens des îles Philippines ont des fonctionnaires publics chargés de déflorer les vierges avant le mariage, et chez les naturels du Brésil et sur la Côte d'Or, il existe un usage de ne jamais marier une fille vierge. On voit par Marco Paulo que les Thibétains ne voulaient pas épouser une fille vierge, que les indigènes offraient leurs filles aux voyageurs, et que cette prostitution faisait un jour la dot de la femme. Dans la Polynésie, les indigènes cédaient leurs femmes et leurs filles aux voyageurs. Les Taïtiens abandonnaient leurs femmes et leur maison aux voyageurs pour le temps de leur passage. »

Hérodote a pour lui la sanction du temps, quand il ajoute : « Les Égyptiens sont les premiers qui aient établi, comme règle religieuse, de ne point avoir commerce avec les femmes dans l'intérieur des temples, et de n'y point rentrer, après s'être uni à une femme, sans faire des ablutions. En effet, presque tous les hommes, à l'exception des Égyptiens et des Grecs, font l'amour dans les temples, ou y entrent dès leur lever en quittant leurs femmes sans ablutions, estimant que les humains ne diffèrent en rien des autres animaux, car, voyant le reste des bêtes et les oiseaux s'accoupler dans les temples et dans les bois sacrés, ils disent qu'il n'en serait pas ainsi si les Dieux ne l'avaient pour agréable. »

La réserve des Grecs se réduisait à bien peu de chose. Dans ses *Institutions divines*, Lactance a fait cette remarque : « Cicéron estime que la Grèce fit un coup d'une haute sagesse, lorsqu'elle fit placer dans les écoles publiques et les académies où la jeunesse faisait ses exercices, les images de l'Amour et de ses frères. » Tout le merveilleux d'Homère n'est qu'un lieu de débauche, de rapt, de ruse, de mensonge. Platon se rapproche de Diogène, lorsqu'il recommande la nudité publique des deux sexes. Aristophane ne quitte l'impiété que pour l'obscénité. La fête de Bacchus suffirait pour donner une idée de tout le débordement des nations les plus éclairées de l'antiquité. Hérodote la raconte ainsi : « Les Égyptiens, hormis les chœurs, célèbrent comme les Grecs le reste de la fête. Au lieu de phallus, ils ont inventé des statuettes, hautes d'une coudée, que des cordons font mouvoir ; les femmes les promènent dans les villages, avec leur membre viril à peine moindre que tout le corps, qui s'agite et s'incline. Un joueur de flûte ouvre la marche; les femmes suivent, chantant Bacchus. Pourquoi le membre est-il si démesurément grand, et pourquoi de tout le corps est-il seul mis en mouvement? Ce ne sont pas les Égyptiens qui ont enseigné aux Grecs à faire les statues avec le membre en érection. Les Athéniens, les premiers de tous les Grecs, ont reçu cette coutume des Pélasges et ils l'ont transmise aux autres. »

Cette fête de Bacchus qui paraît encore plus ridicule que dégoûtante à tout homme de bon sens, concordait avec les autres orgies où des chars étaient conduits dans les rues pour mieux étaler la nudité des courtisanes dont le métier était si apprécié que les Grecs ont eu des peintres exclusivement appliqués à reproduire leurs appas. Cela était encore insuffisant à la décrépitude des sociétés qui avaient abusé de toutes les jouissances. Aussi Tertullien a dit *aux Nations :* « Vous faites une foule de dieux auxquels vous donnez la tutelle de tous les instants de votre vie à laquelle préside Consevius, le dieu des semençailles matrimoniales; vient ensuite la déesse Flusionia qui est chargée de conduire le germe au lieu qui lui est propre; Vitumnus et Sontinus lui donnent la vie et le sentiment jusqu'à ce que Jupiter ou Diespiter, le dieu du jour, le mette à la lumière. » On trouve des détails plus complets dans ce passage du chapitre IX du livre VI de la *Cité de Dieu* de saint Augustin, dont nous empruntons la traduction à M. Barreau : « On prétend que le nom du dieu Liber vient de la délivrance que l'homme éprouve après l'union ; et Vénus est aussi appelée Libera parce que, dit-on, elle procure à la femme le même avantage ; et c'est pour cela que, dans leurs temples, on offre à Liber le sexe de l'homme et à Libera celui de la femme. De plus, on donne encore à Liber des femmes et du vin pour exciter les sens. Aussi célèbre-t-on les Bacchanales avec une fureur incroyable ; Varron lui-même avoue que les Bacchantes ne peuvent se livrer à ces orgies sans être en délire. Lorsque l'homme et la femme s'unissent par le mariage, on appelle le dieu Jugatinus, soit. Mais il faut conduire l'épouse à la maison de son mari ; on fait venir Domidicus. Pour qu'elle y réside, on emploie Domitius. Lorsqu'elle demeure avec son époux, on invoque la déesse Manturna. Que demande-t-on encore ? Qu'on respecte du moins la pudeur ; qu'on laisse agir, dans le secret de la honte, la concupiscence de la chair et du sang ! Pourquoi remplir la chambre d'une foule de divinités, quand les paranymphes se retirent ? Ce n'est point parce que le sentiment de leur présence inspire une plus grande réserve ; non, mais avec leur concours la femme, naturellement faible et redoutant ce moment inconnu encore, fera sans difficulté le sacrifice de sa virginité ; là donc se rencontrent et Virginiensis, et Subigus, et Prema, et Pertunda, et Vénus et Priape. Quoi donc ? Si donc l'homme avait absolument besoin du secours divin dans cette œuvre, un seul dieu ou une seule déesse n'était-ce pasa ssez ? Est-ce que c'eût été trop peu que Vénus seule qui est alors invoquée, parce que ce n'est que par sa puissance qu'une femme peut cesser d'être vierge ? S'il reste encore aux hommes quelque chose de cette pudeur qu'on ne trouve point chez ces dieux, le souvenir de la présence de tant de divinités participant à cet acte ne doit-il pas leur inspirer un certain respect, de sorte que l'un soit moins violent dans ses désirs, et l'autre plus ferme dans sa résistance ? Et en effet, si la déesse Virginiensis est là pour délier la ceinture, le dieu Subigus pour soumettre, Prema pour réduire, que vient faire Pertunda ? Qu'elle rougisse, qu'elle se retire et laisse au mari le soin d'agir lui-même. Son nom ne fait qu'exprimer une action qu'il serait infâme de laisser à un autre qu'à l'époux. Mais peut-être estelle tolérée parce que c'est une déesse et non un dieu ; mais si c'était une divinité mâle, du nom de Pertundus, le mari serait plus empressé à demander du secours contre elle, par respect pour son épouse, qui ne le fait l'accouché e contre Sylvanus !

Mais quoi! n'y-a-t-il pas là un dieu qui n'est que trop mâle? C'est Priape sur l'ignoble genou duquel doit s'asseoir la nouvelle épouse, selon que la loi de l'honnêteté et la religion imposent aux nobles dames. »

Ce paroxysme de la débauche d'imagination était un effet du temps; à l'origine des sociétés, on ne rencontre qu'une mythologie peu compliquée. Il reste toujours dans l'humanité un fonds de morale qui finit par anéantir les témoignages du raffinement des passions. Aussi lit-on dans l'*Histoire de la prostitution*, par Pierre Dufour : « Chez les Romains de même que chez les Grecs, ce sont les érotiques qui ont eu le plus à souffrir des proscriptions de la morale chrétienne. Vainement la poésie demandait grâce pour eux; vainement ils se réfugiaient sous la protection éclairée et libérale des doctes amateurs de l'antiquité; vainement ils se perpétuaient de bouche en bouche dans la mémoire des voluptueux et des femmes galantes : le Christianisme les poursuivait impitoyablement jusque dans les souvenirs de la tradition. Ils disparurent, ils s'effacèrent tous, à l'exception de ceux que protégeait, comme Martial et Catulle, l'heureux privilège de leur réputation poétique. Le scrupule religieux alla même jusqu'à déchirer bien des pages dans les mains des meilleurs écrivains. Les Lettres latines ont perdu ainsi la plupart des

poètes de l'amour païen, et cette destruction sys-
tématique fut l'œuvre des Pères de l'Église. Ainsi
fut anéanti presque complètement le Panthéon de
la prostitution grecque et romaine, après deux ou
trois siècles de censure persévérante et d'implacables proscriptions. Ce sont les savants qui nous
ont conservé Horace, Catulle, Martial et Pétrone. »
S'il y a plus de cinquante passages d'Aristophane
qu'on ne traduit qu'en latin blotti dans les notes,
qu'on juge de la licence de ce qu'on tolérait autrefois! Depuis, il a toujours fallu compter avec le
christianisme; les ouvrages immoraux n'ont pu
paraître qu'à un petit nombre d'exemplaires et
seulement à de rares époques d'anarchie; on les
cache; on ne peut les montrer sans se trahir.
Bernardin de Saint-Pierre raconte dans les *Harmo-
nies de la nature* qu'il vit les amours des divers animaux peints sur les quatre faces d'un cabinet du
palais de l'électeur de Saxe, à Varsovie; il existe
encore quelque chose de ce genre peint sur por-
celaine dans les petits appartements de Louis XV,
à Versailles : c'est une présomption qui reste
contre deux souverains fatigués. Toute collection
de turpitudes en tableaux, en statues, en gravures,
en livres, est un signe infaillible d'impuissance.
Les hommes qui jouissent de la plénitude des facultés physiques ne verraient qu'avec pitié ce luxe
de la honte.

Les turpitudes et les puérilités de la mythologie suffiraient pour attester la débilité des Grecs et des Romains. Partout où la polygamie est universelle, l'impuissance est prématurée et devient commune. Le Christianisme a eu peu de prise sur les vieilles civilisations; il a renouvelé le monde au moyen de la jeunesse et de la maturité de tous les Barbares du Nord; c'est aussi le printemps et l'été de la vie qui lui offrent le moins d'obstacles.

Dès qu'on sait son catéchisme, on éprouve la plus invincible répugnance à passer tant d'années à étudier et à apprendre par cœur les auteurs classiques qui sont pleins de toutes les turpitudes et de toutes les puérilités dont l'humanité soit susceptible. Plus tard on se refait une éducation en reprenant ses anciens livres. Ce n'est pas parce que le goût est plus pur, c'est au contraire parce qu'il se déprave. Alors ce n'est pas la beauté de la forme qui attire; c'est plutôt le fonds de corruption qui entraîne. Le paganisme n'a pu se traîner honteusement deux ou trois siècles qu'en s'appuyant sur la décrépitude du Sénat et sur le radotage des rhéteurs, ces eunuques de l'intelligence. Il ne fait de prosélytisme que dans les corps savants, composés de gens arrivés à l'impuissance, soit par la vieillesse, soit par la contention d'esprit. Ce sont, en effet, les travaux les plus inutiles et les plus surannés sur l'antiquité qu'ils ont le plus souvent encouragés, récompensés et même commandés; parfois ce sont les ouvrages du paganisme le plus scandaleux qu'ils se sont évertués à honorer. Piron a rougi, toute sa vie, d'avoir écrit ou plutôt traduit une ode toute païenne; c'est peut-être à cause de cette débauche de jeunesse qu'il fut élu membre de l'Académie française, sans avoir fait les visites d'étiquette; Louis XV cassa cette élection par respect pour les convenances. Chateaubriand a eu de la peine à entrer à l'Académie; Balzac aurait perdu son temps à s'y présenter. Mais Béranger n'avait publié qu'un petit volume aussi immoral qu'impie, plus grossier qu'ingénieux et plat comme le paganisme; la plus grande partie des Immortels lui offrirent de le nommer sans visite aucune; il refusa pour la persuasion où il était qu'il amuserait inévitablement le public, soit par sa gaucherie à porter le costume de l'Institut, soit par son embarras à lire convenablement devant l'élite des salons un monotone discours. Les classiques oubliés ou inconnus tenaient à une manifestation qui fît enfin parler d'eux; ils étaient trop petits pour confesser qu'une mémoire d'écolier ne fait pas le génie, et pour convenir de la grandeur que les inspirations du Christianisme avaient imprimée sur la jeunesse de la génération romantique. Assurément Voltaire se raccrochait à la nouvelle école par l'originalité d'une multitude de ses tentatives littéraires et historiques : on ne vit en lui que la perfection de l'impiété et par conséquent la continuation de l'antiquité. L'éloge de Voltaire fut donc voté et couronné. C'était reculer l'humanité au culte du vin et du plaisir. Il faut avouer que ces Messieurs se connaissent fort peu en Bacchus et en Hercule. Voltaire avait de la peine à avaler un demi-setier de vin, cette ration des moines les plus austères ; Béranger ne buvait guère que de l'eau et n'aurait pu trinquer avec un vicaire de village. Voltaire et Béranger se seraient contredits comme les deux vieux juges de Babylone, s'ils avaient été forcés de désigner l'espèce d'arbre sous lequel la jeunesse se fait écouter des Suzannes qui n'ont pas voulu des hommages de leurs rides.

On dit que M. Ricord n'a jamais signalé de cas d'impuissance dans les hôpitaux. Mais c'est la fatalité des classes éclairées. La facilité que la fortune et les brillantes positions sociales procurent pour satisfaire les passions, hâte la faiblesse de la vieillesse. Toutes les fortes préoccupations d'esprit nuisent aussi à l'ardeur de la concupiscence. Les coureuses d'aventures évitent les villes de jeu ; les grands joueurs ne leur demandent pas de distraction dans leurs jours de gain comme dans leur ruine. Les fameux diplomates vivent aussi solitaires que les joueurs. Les travaux qui dessèchent l'imagination éloignent également de la galanterie.

Les mathématiciens ne brillent guère que par leur absence dans les contes amoureux. La tyrannie de l'imagination mène à la même froideur que le culte de la raison. Tous les hommes à femmes, tous les héros du beau sexe, n'écrivent point : ce sont des hommes d'action et non des écrivassiers. Les histoires, les lettres, les anecdotes scandaleuses, à moins qu'elles ne soient une spéculation, sont généralement une lutte contre l'impuissance. L'audace de l'immoralité dans les écrits et les conversations est toujours proportionnée à l'extinction des tempéraments. Plus on affecte de douter de la vertu, plus on vante et exagère les besoins de la nature, plus on s'expose à recevoir un cruel démenti de l'expérience de l'histoire et de l'indiscrétion des femmes, et surtout des maîtresses honoraires dont le nombre est plus considérable qu'on ne saurait le croire.

Machiavel semble effacé et comme écrasé dans la galerie de ses contemporains. Il ne porte ni barbe ni moustache, et il tient ses cheveux retroussés ; il a le front vulgaire, le cou court, le menton rond et petit ; mais le nez et les oreilles sont très longs. Il n'a aucun des traits du siècle. Homme d'affaires plus que de cabinet. Par sa physionomie de boudeur il ouvre l'ère des mécontents. Il est né pauvre et il est mort pauvre, à cinquante-huit ans, en 1527. Il a eu beau s'occuper d'État, étudier les rois et les républiques, flatter ou dénigrer tous les riches et les puissants, changer de principes et d'attitudes suivant les circonstances et les intérêts, il passe sa vie dans le travail et la gêne. De plus, il s'est marié et il a cinq enfants à nourrir. Il appartient aux libertins par deux comédies dont tout le fonds roule sur le succès des potions contre la décrépitude; sa conduite ne répond pas aux immoralités de ses écrits. Il avoue qu'il a toujours plus souffert que joui; il touche à la cinquantaine, quand il parle pour la première fois des essais qu'il fait chez les filles. Il ne lui est arrivé que deux fois de mentionner une tardive intrigue, une maîtresse qui fut probablement la première et la dernière passion de sa vie.

Rabelais, mort à soixante ans environ, ne boit que de l'eau et ne reçoit pas de femme à Meudon. Voilà pourquoi il célèbre tant le vin; voilà pourquoi il donne à ses personnages des facultés de colosse et la fécondité des poissons.

Aussi Michelet, juge très compétent sur ces matières, ne s'est pas fait scrupule de dire de Rabelais : « Courtisan, bouffon de château, médecin de campagne, auteur aux gages des libraires, ce grand génie traîne les vices de sa vieille robe, l'ostentation des vices surtout, pour plaire aux grands. Grand buveur (par écrit), et débauché (en vers latins). »

Quand Brantôme quitta l'épée pour la plume, il y avait quatre ans qu'une chute de cheval le tenait cloué au lit. N'ayant plus de santé, n'étant bon à rien, il se constitua l'historiographe des guerres et surtout des amours de son temps. « Il a écrit sur l'amour et la galanterie, fort au long et avec complaisance, remarque Mérimée, sans jamais faire allusion à ses bonnes fortunes : on doit lui savoir gré de sa discrétion. Bon homme au fond, quoique un peu insouciant du mal comme du bien. » Cette réserve personnelle qui jure avec son scepticisme et avec sa prédilection pour les scandales de toutes les femmes galantes, ne donne-t-elle pas à penser? S'il avait eu plus de hardiesse, Mérimée aurait conclu comme Michelet l'a fait contre Rabelais. Brantôme dut à sa continence de vivre quatre-vingt-sept ans; il est mort en 1614.

Le comte de Maurepas a employé son temps et son argent à collectionner toutes les licences de la prose et de la poésie : le devoir conjugal aurait été une lourde corvée pour son droit du seigneur. Après avoir publié les *Lettres persanes,* Montesquieu aurait dû vivre comme un sultan; il paraît ne s'être réservé que le rôle d'eunuque. Si Voltaire s'était aussi bien conservé que Buffon ou le maréchal de Richelieu, il n'aurait pas consacré la moitié de sa vie à faire, à défaire et à refaire un poème que les polissons eux-mêmes rejettent avec le plus profond dégoût.

Par ses *Confessions* Jean-Jacques Roùsseau a
prouvé qu'il n'a point répondu à tout ce que le
beau sexe était en droit d'attendre de la *Nouvelle
Héloïse ;* il fut la risée de ses contemporains à cause
de la condition et de la bêtise de sa compagne.
Quand il se détermina à exposer des types de passion, il lui fallut créer ses modèles, car son passé
ne lui retraçait rien de bien séduisant. Soit pendant
son séjour à Venise, soit dans son voyage à Mont-
pellier, il ne fit que céder à des provocations de
deux créatures hardies. En Savoie il accepta plus
qu'il ne convoita les faveurs d'une dame aussi facile qu'une prostituée, puisque tout lui était bon,
la maturité d'un jardinier aussi bien que la jeunesse
d'un coiffeur et l'adolescence d'un vagabond. A
Paris son commerce immoral ne fut qu'une union
de laquais ; il en avait rempli quelque temps les
fonctions, il en garda le caractère d'ingratitude et
d'envie jusqu'à la fin de ses jours. Il se débarrassa
d'une ventrée de cinq bâtards, probablement parce
qu'il conçut des doutes de paternité qu'il eût rougi
d'avouer, car il craignit moins l'accusation de barbarie que le soupçon d'impuissance. Il aurait subi
sans honte la confraternité du concubinage chez la
femme adultère et entreteneuse ; cet apprenti qui
avait volé toutes sortes de fruits, ce précepteur qui
avait volé des bouteilles de vin, ce laquais qui avait
volé, non pas un simpie morceau de ruban rose et

argent, comme le porte le texte des *Confessions*, mais bien un couvert d'argent, ainsi que le constate l'autographe de la première rédaction qui est encore conservée, ne devait pas avoir le moindre scrupule de vivre aux dépens de quelque entreteneur occulte avec une fille libre. Quiconque est au courant de la dépense de la capitale n'admettra jamais qu'avec les huit à neuf cents francs que lui valait le métier de secrétaire ou de copiste, et la modique aubaine que lui apportait une lingère de gargote, le citoyen Rousseau ait été en état de payer deux logements et de pourvoir aux frais d'un ménage que venaient gruger un père impotent, une mère des plus intrigantes, des frères et sœurs aux expédients, en un mot, toute une tribu de faméliques spéculant effrontement sur le scandale de la position. Il ne connaissait donc que la femelle. Il était plus que jamais incapable d'entreprendre la femme. Une timidité qui touchait à la puérilité venait glacer tous les feux de son imagination. Il n'osait entrer dans une boutique pour acheter un fruit ou un gâteau; il se troublait à la vue d'une petite fille de onze ans; il se trouvait si gêné en toute compagnie que les charmes de la conservation ne passaient à ses yeux que pour un *travail de forçat*. La conquête du tête-à-tête lui devenait ainsi d'une difficulté insurmontable. Il se voyait fatalement condamné à cacher éternellement dans

son sein des étincelles d’amour que ses deux maîtresses n’avaient pas su apprécier ni apaiser. De
vue courte, d’oreille dure, de manières gauches, de
démarche disgracieuse, il sentait la main du temps
aggraver rapidement une ancienne rétention d’urine
qui allait le rendre impropre à la tiédeur de sa moitié de futur mariage civil. Forcé de renoncer à la
nature de l’intimité, il revint au cynisme de son
goût d’enfant. Les aumôniers et les médecins de la
Salpêtrière pourraient considérer l’abus de ces turpitudes de singe comme la cause la plus certaine
d’une misanthropie qui empira sans cesse et aboutit
au suicide, au moment où il était parvenu à l’aisance pour toujours, où il était à l’apogée de la
gloire, et où la mort récente de Voltaire le laissait
l’unique idole du scepticisme, cette succursale de
l’Hôtel des Invalides.

Les hommes de lettres et les médecins auxquels
j’ai communiqué mon impression m’ont avoué
qu’ils avaient eu la même idée, depuis leur première
lecture des *Confessions*. On trouve le même sentiment jusqu’en Allemagne. De là ce passage de l’*Allemagne* par Henri Heine, nouvelle édition, 1866,
tome II, p. 245 : « Rousseau n’a pas envoyé ses
enfants à l’hospice des Enfants trouvés ; il n’y a
envoyé que les enfants de Mlle Thérèse Levasseur.
Déjà il y a trente ans, à Berlin, un des plus grands
psychologues allemands appela mon attention sur

un passage des *Confessions*, d'où il résultait clairement que Rousseau ne pouvait être le père de ces
enfants ; ce misanthrope grognard aimait mieux,
par vanité, paraître un père barbare que d'être
soupçonné d'avoir été incapable de toute paternité. »

Georges Sand ne laisse aucun doute sur cette
question, dans un article de la *Revue des Deux-
Mondes* du 31 mai 1861, sur les *Charmettes*, qu'on
retrouve p. 195 à 262, dans son ouvrage intitulé
Laura, Voyages et Impressions, in-18, de 1865. Voici
son témoignage : « Mon compagnon de voyage me
demanda si je pensais vraiment que Rousseau ne
fût pas père des enfants de Thérèse. Je lui répondis
que je ne pensais rien à cet égard, puisque je man-
quais absolument de certitude.

— Mais enfin, reprit-il, où avez-vous pris cette
idée qui a été un de vos moyens de défense ? Comment n'est-elle venue sérieusement à aucun de
ceux qui ont été les contemporains du philosophe ?

— Elle leur est venue très sérieusement, et c'est
parce que je la leur ai entendu exprimer, que je
l'ai eue souvent sans oser m'y arrêter. Mon grand-
père était ce Dupin de Francueil dont Rousseau fut
longtemps l'ami. Plus tard Rousseau méconnut son
affection et ne revint à lui que de loin en loin. C'est
Thérèse qui amena la méfiance, afin d'empêcher
certaines explications. Je n'ai pas connu mon grand-

père ; mais j'ai su par ma grand'mère ce qu'il pensait de Thérèse, et vingt fois j'ai entendu Mme Dupin dire à ceux qui accusaient Rousseau devant elle d'être un père dénaturé : « Oh! pour cela, nous n'en savons rien, et Rousseau n'en savait rien lui-même. » Une fois, elle dit, en haussant les épaules: « Est-ce que Rousseau pouvait avoir des enfants? » Ne sait-on pas que Mme d'Houdetot qui eut une année au moins la confiance entière de Jean-Jacques, affirmait qu'il ne se croyait pas le père des enfants de Thérèse? Malgré les aveux de son reproche, il y a une certaine *cause du moment* qu'il signale, mais qu'il ne veut pas dire, et cette réticence est bien frappante. — Il faut relire sur tout cela l'opinion de M. de Barruel, qui ne craint pas d'affirmer ce que nous indiquons. »

C'est sous la rubrique de Londres que le comte de Barruel-Beauvert publia, en 1789, une *Vie de J.-J. Rousseau*. A propos de cet aveu des *Confessions* : « J'ai pu me tromper, mais non m'endurcir; si je disais mes raisons, j'en dirais trop, » l'auteur s'écrie, p. 391 : « Je les sais, moi, ces raisons que Jean-Jacques tait, pour se respecter dans sa femme, et l'on se contenterait bien de la première que je donnerais; mais on l'a peut-être devinée. Veut-on que je m'explique plus clairement ? Jean-Jacques Rousseau n'eut point d'enfants. »

Dans ses *Pensées d'Août*, de 1837, Sainte-Beuve

s'est avisé d'opposer à *Jocelyn* un janséniste de *Maître d'école*, M. Jean tout court, dont il fait le cinquième des bâtards de Rousseau. Ceux qui louent sa finesse et son tact trouveront-ils cette reconnaissance très vraisemblable et très intéressante? Son instinct de poète et de critique pâlit devant les inductions d'Henri Heine et de Georges Sand.

Dans sa brochure sur Henri Beyle, Mérimée a dépassé toute impiété connue par ses insinuations sur la prédilection du Seigneur pour saint Jean l'Évangéliste; dans une de ses *Nouvelles,* il touche, par insinuation encore, à la possibilité et à la fécondité de la bestialité; dans son intimité, il n'a cessé de tourner en vices les amitiés les plus honorables de Marie-Antoinette pour les dames de la cour; en convenant qu'il est resté sur la réputation de trois années de vie de vaurien, il nous met à même de deviner tout ce qui lui manquait, et pourquoi il paraissait jouer, malgré sa faveur, le piteux rôle de chevalier à la triste figure au milieu des très hauts et très puissants chevaliers de tous les ordres du monde dans les éblouissantes réceptions de l'Empire.

Jusqu'à la fin du monde, les sceptiques, ces Dons Juans sytématiques, joueront la comédie de croire les autres capables de tout, afin de n'être pas soupçonnés de n'être plus capables de rien.

Leur sempiternelle éruption de propositions scancaleuses ne cache guère que les deux sens du mot blague, car il y a longtemps que Vénus a mis ces invalides à la retraite et les a fuis, de concert avec Cupidon et son carquois, pour vouer le lit de plume de leur alcôve et le sopha de leur boudoir à la pâle, à la languissante, à la mortelle Anémie. Oui, Anémie a remplacé la vieille Vénus et toutes ses Vénusettes.

S'ils étaient relégués dans quelque harem ou déportés dans une île pareille à Taïti, on pourrait jurer et gager à coup sûr qu'ils passeraient peu de jours sans chercher dans le suicide la fin de la honte et du désespoir de leur impuissance, tous ces anfarons de vice, tous ces ennemis enragés de la religion et de la morale, dont le style monotonement tempéré comme la neige, et s'élevant à peine quelquefois à l'éclat du givre, dénote si bien un tempérament lymphatique qui se trahit par la faiblesse des reins, l'inertie de toute la physionomie, et qui s'enfle un jour, qui s'enfle encore, qui s'enfle toujours pour aboutir à une mort prématurée.

VI

Gérard de Saint-Amant s'est montré un grand prophète, quand il a dit dans une *Chanterie champêtre* :

L'homme impuissant peut tout oser.

Le scepticisme est un symptôme infaillible d'impuissance. Oui, le scepticisme précède ou suit toujours l'impuissance. Le mot de fruit sec est l'expression la plus usitée pour caractériser la littérature contemporaine. Le scepticisme est devenu général à mesure que l'impuissance se multiplie. Tant que le scepticisme n'a été qu'une exception, les cas d'impuissance ont été rares. Aussi cette débilité était-elle si peu connue que le docteur Belliol a été amené à dire : « Si j'ai tant insisté sur la définition de l'impuissance, c'est que tous les auteurs se sont complètement trompés sur le véritable sens qu'on doit donner à l'impuissance que quelques-uns même, dans leur étrange irréflexion, ont confondue avec la stérilité. » Onze éditions, en quelques années, d'un volume compact de douze cents pages prouvent combien la société a besoin de remèdes contre l'impuissance sur laquelle le docteur Belliol a concentré toutes ses études. Voici le titre qu'il a donné à ses recherches : « *Conseils aux hommes affaiblis*, traité des maladies chroniques, de l'Impuissance prématurée ou épuisement nerveux des organes générateurs, suite des excès de la jeunesse et de l'âge mûr, des pertes séminales, de l'onanisme ou habitudes secrètes, de la stérilité chez les deux sexes, des maladies vénériennes, des dartres, des scrofules. Des maladies des femmes, affections utérines, âge critique. De l'affaiblissement dû aux maladies du cerveau, de la moelle épinière, du système nerveux et de tous les organes de l'économie. Des âges, des tempéraments. Conseils aux vieillards. In-8. » C'est le miroir comme le jugement de l'époque. La contagion du scepticisme n'a point de prise sur la femme parce qu'elle peut être stérile, mais jamais impuissante.

Lamennais a remarqué que tous les peuples voluptueux ont été des peuples cruels. Dans son *Émile*, Rousseau a dit : « J'ai toujours vu que les jeunes gens corrompus de bonne heure, et livrés aux femmes et à la débauche, étaient inhumains et cruels ; la fougue du tempérament les rendait impatients, vindicatifs, furieux ; leur imagination, pleine d'un seul objet, se refusait à tout le reste ; ils ne connaissaient ni pitié, ni miséricorde ; ils auraient sacrifié père, mère et l'univers entier au moindre de leurs plaisirs. » Mars et Vénus font assez bon ménage. Alexandre, César, sont aussi célèbres pour leurs amours que pour leurs exploits. En tout temps, les femmes ont préféré les militaires aux écrivains; ces lions au combat ne sont plus que des agneaux dans leur domicile; après avoir été d'ardents et tendres amants, ils finissent par être d'admirables pères de famille; ils meurent tous munis des sacrements de l'Église. La Bruyère a remarqué que les femmes sont toujours meilleures ou pires que les hommes. S'il était de l'essence de la volupté d'engendrer la cruauté, la femme, qui entre pour moitié dans l'union des sexes, devrait inévitablement se montrer aussi sanguinaire que l'homme. Or, bien que la puissance du mal ait souvent été la même dans la main des rois comme dans celle des reines, l'histoire constate qu'Élisabeth, reine d'Angleterre, valut mieux que son prédécesseur Henri VIII, et que Catherine II, impératrice de Russie, a moins sévi que Pierre le Grand. Malgré les infirmités qui l'avaient mise de bonne heure au rebut du bon plaisir de Sa Majesté, la sultane Pompadour fut moins impitoyable pour les Jésuites que tous les ministres plus ou moins usés qui obtinrent de la royauté leur destruction. Dans tout l'Orient, le libertinage est inséparable de la barbarie, malgré la beauté du climat; aussi a-t-on vu les Japonais du XVIIe siècle dépasser la cruauté des Césars contre les chrétiens, martyriser les femmes enceintes, sacrifier des enfants au-dessous de dix ans, immoler les enfants sous les yeux de leurs parents, assommer les mères avec le corps de leurs enfants encore vivants, en un mot raffiner sur l'intensité et la durée des supplices les plus douloureux. Cette anomalie est la conséquence de la polygamie. On ne viole pas impunément les lois de la morale, qui sont les lois de la nature. Une femme suffit à l'homme, puisqu'elle naît avec une organisation perpétuellement disponible pour l'œuvre de chair; au contraire, l'homme n'est apte à la propagation de l'espèce que pendant un nombre d'années assez limité et seulement à de rares intervalles. Aussi, dans tous les mariages, les jours de la lune de miel sont de courte durée; l'époux est vite lassé et l'épouse reste inépuisable. Si l'homme multiplie les instruments du plaisir, soit par une folie de passion, soit par une vanité de la coutume, il se crée d'amères déceptions. De la lutte des désirs infinis de l'imagination contre l'inertie des sens résulte une surrexcitation d'esprit qui ne s'assouvit qu'en changeant d'objet. Les transports de l'amour dégénèrent ainsi en rage du meurtre. Ce phénomène s'est retrouvé dans les deux Amériques et l'Océanie, où la pluralité des femmes était en vigueur comme en Orient. Ainsi s'explique l'échelle de proportion des sacrifices humains, toujours considérables en Orient et plus scandaleux dans tout le Nouveau-Monde; au Mexique, le nombre des victimes était annuellement de vingt mille; on cite des fêtes où elles furent de quatre-vingt mille. Dans tous les pays où domine la polygamie, la mort des souverains et des chefs de castes entraîne la destruction des concubines et des esclaves de la maison. Dans tout l'Occident, les crimes sont moins fréquents et moins atroces, parce qu'on y a moins transgressé les prescriptions de l'hygiène par le luxe des sérails. C'est à la suite de brillantes victoires, remportées par de jeunes conquérants, que des nations, pleines de vigueur et d'avenir, sont entrées dans le giron de l'Église. Au contraire, le Christianisme a trouvé dans les Césars des persécuteurs dont le caractère est tout à fait oriental. Il n'est point téméraire d'attribuer leurs monstruosités à l'épuisement prématuré où le raffinement de tous les genres de débauches les réduisit. L'Orient paraît éminemment stationnaire, mais ce n'est au fond qu'une société de parvenus. Les Césars ont agi en parvenus. Depuis, le Christianisme n'a compté d'ennemis implacables qu'aux époques de parvenus. Ces époques arrivent quand les abus du principe héréditaire dans les couronnes, les charges, les propriétés, ont conduit gouvernants et gouvernés à l'extinction des grandes races, à la décadence des constitutions physiques de la plèbe.

C'est le triomphe des parvenus; ils se donnent pour mission de réformer et de guérir les États et jusqu'au genre humain. En quelques mois, ces médecins sont pires que leurs malades. Pour remplacer le temps perdu, ils se hâtent de consommer leurs provisions de sagesse. La faconde des Girondins se glace dans l'indolence; les vociférations de la Montagne se réduisent au mutisme. Il n'y a plus que la bile qui règne. L'audace de Danton et de tous les tempéraments échauffés cède à la tyrannie de Robespierre, qui est aussi méchant qu'impuissant, et Robespierre n'est dépassé en décrets de mort que par Marat, qui voudrait, comme Caligula, couper la tête de l'humanité pour se venger du mal honteux qui le ronge et ne lui laisse plus que quelques jours de vie. L'Église et la société ont subi toutes les bassesses de l'Orient du sein de la Convention. Elle fut toute-puissante pour le mal parce qu'elle n'a été dominée que par l'impuissance de quelques parvenus.

La Convention est le dernier mot du scepticisme; elle n'a été que l'immoralité en action tardive des précédentes générations d'écrivains.

Le scepticisme est avant tout un cercle vicieux d'incrédulité et de crédulité. Les sceptiques veulent bien avoir la générosité de tolérer Dieu, mais ils repoussent toute religion, mais ils doutent de toutes les vertus, et surtout de la continence, parce que

c'est leur état de nature ; ils croient à tous les crimes, ils admettent tous les vices, et surtout les
voluptés qu'il leur serait impossible de pratiquer.
Ils sont hardis devant les hommes ; mais il suffit
du bruissement d'un cotillon pour les embarrasser :
l'instinct des femmes est leur supplice, car l'indiscrétion de l'épouse, de la maîtresse et même de la
servante est la seule vérité qu'ils redoutent et qu'ils
n'osent pas nier. Ils ont des arguments contre tous
les canons des conciles, contre toutes les lois des
constitutions sociales ; mais ils reculeront devant
tout défi de tête-à-tête avec le beau sexe. Ils po-
sent en avocats contre la Providence et la royauté ;
pour trouver des raisons et des prétextes, ils touchent à toutes les connaissances, remuent toutes
les objections, sondent tous les abus, flairent toutes
les maladies ; mais, faute de principes, ils laissent
toutes ces questions comme ils les ont trouvées ; ils
multiplient les pages ; mais, faute du lien de la foi,
ils ne savent point confectionner un livre et ne pro-
duisent aucun monument. Aussi tombent-ils tout
entiers avec les passions qui les ont poussés et sur-
faits, parce qu'ils les exaltaient. Après avoir été un
sujet d'envie pour leurs contemporains, ils restent
la dérision de la postérité, car il n'y en pas un qui
n'ait eu plus de réputation et de fortune qu'il ne le
méritait.

On trouve un souverain dans la bande des sceptiques : c'est Frédéric II, roi de Prusse. Il parut grand parce qu'il guerroya dans un temps où les pygmées régnaient. Les Encyclopédistes l'ont salué comme le Salomon du Nord. Cette gloire n'est guère qu'une ironie. Salomon est le symbole de la prospérité de la paix ; Frédéric doit toute sa renommée à ses exploits. Salomon s'est illustré par la construction du Temple de Jérusalem ; Frédéric ne s'est signalé que par sa meute de chiens. Salomon a été le monarque le plus magnifique de tout l'Orient ; Frédéric fut l'être le plus malpropre de son temps ; il n'y a que le bienheureux mendiant Benoît-Joseph Labre qui, par mortification, aurait pu porter ses chemises en loques et son costume de couleur équivoque, surchargé de poudre, de crotte, de taches. La science de Salomon fut prodigieuse ; Frédéric n'approfondit rien, ni en histoire, ni en politique, ni en littérature ; il méprisait sa langue, connaissait peu le latin, et n'aurait brillé dans aucun cercle d'Allemands. Les écrits de Salomon sont compris au nombre des livres qui ne périront jamais ; les *Œuvres* de Frédéric sont si médiocres qu'on n'y a jamais fait attention ; on ne doit lui tenir compte que de son mépris pour les philosophes qui se sont expatriés pour disputer à des chiens l'honneur de le caresser et de le distraire. Salomon avait tous les avantages physiques et moraux pour plaire ; toutes les femmes et jusqu'aux reines étrangères ont été amoureuses de lui ; Frédéric a passé pour n'avoir pas même consommé son mariage ; les pamphlets et les pièces diplomatiques lui ont reproché des mœurs infâmes.

Une maladie vénérienne le dégoûta des femmes. Peut-être ne serait-il pas téméraire d'attribuer son scepticisme à l'impuissance prématurée qu'il aurait cachée par d'autres passions qui ont amené le mot de *postdamie* comme synonyme de sodomie.

On trouve dans les Martyrologes assez d'empereurs et d'impératrices, de rois et de reines, de princes et de princesses du sang pour former tout un calendrier de cour ; on n'y déterre qu'un pauvre, un pauvre involontaire. Il est singulier que la plupart des sceptiques ne soient que des bâtards qui étaient exclus de toutes les confréries des métiers, sous l'ancien régime, ou n'appartiennent qu'à ces classes plus ou moins aisées dont l'envie fait d'abord des mécontents et que l'impuissance rend de plus en plus hostiles à la religion et à l'État à mesure qu'ils sont comblés de succès et de faveurs.

Érasme, mort à soixante-neuf ans en 1536, en a imposé au XVIᵉ siècle au moyen de ses dix volumes in-folio. Aujourd'hui, qui s'avise d'y chercher une pâture ? Érasme a plus de mémoire que d'imagination ; il sait son métier, mais il ne s'élève pas à l'originalité de l'artiste. C'est un bâtard ; il est élevé, nourri, honoré par l'Église ; la Papauté le dispense de ses vœux de chanoine régulier, lui permet de faire gras les jours maigres et lui offre la poupre et des bénéfices ; la plupart des souverains se le disputent et le pensionnent. Il vit de privilèges et il ne se préoccupe que des abus. Il a tout juste ce qu'il faut d'esprit pour saisir et ridiculiser le comique de la *Réforme*. Le Catholicisme lui montre une mission féconde. Il préfère rester sur la lisière des camps. Il a aimé les femmes, mais une maladie vénérienne des plus terribles l'a rendu prudent ; la goutte et la gravelle complètent la sagesse. De là cette neutralité qui a fait le scandale de son temps. Michelet, que nous avons vu si sévère sur Rabelais, n'a pas ménagé la vérité à cet être équivoque. Il a dit dans la *Réforme :* « Érasme est un homme d'esprit, mais froid, de peu de verve, qui ne trouve le paradoxe qu'en sortant du bon sens. Il touche à l'ineptie lorsque, dans la liste des fous, il met l'enfant ; quand il voit dans l'amour, dans le mystère sacré de la génération, une folie ridicule. Cela est sot et sacrilège. » C'est un des ancêtres d'Argan et non de Don Juan.

Voici l'Arétin, un autre bâtard plus tristement connu qu'Érasme. Il naquit dans un hôpital. Il dut le jour à une poseuse qui menait la vie de courtisane. Père à son tour, il ne légitima point ses enfants et leur légua sa qualité de bâtard. Abandonné de sa mère, paresseux, voluptueux et poltron, il lui fallut aviser au moyen de ne pas mourir de faim.

Il fut apprenti chez un relieur pendant six ans. Domestique chez le fameux Agostini Chigi, il disparut après avoir volé une tasse d'argent. Après avoir porté et laissé le froc de capucin, il exerça en grand le métier de courtisan, au moyen de sa plume. L'audace lui tint lieu de génie. Il prodigua l'eloge ou la calomnie, suivant l'argent qu'il recevait ou exigeait des souverains et des princes. Après avoir spéculé sur la vanité, il spécula sur les passions. Personne ne l'a dépassé dans l'abomination de la débauche. Il est resté le premier des cyniques. Avec ces infamies il parvint à mener un train de seigneur et de gourmet, et à dépenser quarante mille francs par an. Amant de deux cuisinières, il eut constamment table ouverte pour toutes les courtisanes, et en compta parfois jusqu'à une vingtaine à ses festins. Usé, flétri par le vice, il mourut à soixante-quatre ans, méprisé de ses contemporains, et ne laissant à la postérité que le droit de ne parler de lui qu'avec horreur. N'est-ce pas annoncer qu'on n'est bon à rien, parce qu'on a abusé de tout, que de laisser des livres qui n'excitent que le dégoût?

Jean Le Rond d'Alembert est aussi un bâtard. Il est élevé par la femme d'un vitrier et peut, au moyen d'une pension de douze cents francs, se livrer à son goût pour l'étude. Il se distingue dans les sciences et s'y fait un nom. Là est sa valeur incontestable. Il est à sa place à l'Académie des sciences. Pourquoi devient-il membre de l'Académie française et de toutes les Académies les plus fameuses ? Pourquoi le roi de Prusse lui accorde-t-il une pension ? Pourquoi l'impératrice de Russie lui offre-t-elle une position éclatante ? Il a fait une préface ; mais c'est la préface de l'Encyclopédie, qui est la guerre à la religion et à la constitution du pays. On le prend pour un homme de goût parce qu'il n'a pas plus les défauts que les qualités du cœur, de l'esprit et de l'imagination. C'est la médiocrité même en littérature. Il paraît un chef de parti ; il n'en a pas même la hardiesse. Il doit mourir de la pierre ; il s'est trop desséché et usé dans les calculs et les expériences pour avoir un peu de virilité. Les mémoires de la police l'ont surpris une fois chez les filles ; la chronique conremporaine ne lui donne aucune liaison de cœur.

Michelet convient que « Spinosa avait fait du siècle sa vraie philosophie à son image, sans vie, sans air, sans mouvement dans la fixité du destin ». Jeune, il voulut se marier ; sa demande ne fut pas accueillie. Il ne sut pas se résigner ni attendre une meilleure occasion. Il était juif ; il préféra à tout ce qu'il y a de sublime, de vrai, de satisfaisant dans les dogmes et la morale de *la Bible*, les erreurs, les contradictions, les absurdités du paganisme, et sembla se casser la tête pour ôter le remords aux prostituées, aux voleurs, aux assassins, et plonger l'humanité dans le désespoir. Ses coreligionnaires lui appliquèrent la loi en l'excommuniant, et en essayant de l'assassiner. Il dut émigrer. Il n'avait rien; peu lui suffisait : du lait ou de la bière quelquefois pour une journée. Pour trouver le nécessaire, il fabriqua des verres d'optique. Son unique préoccupation fut d'arriver à l'athéisme, et tout ce qu'il put conclure, après avoir bien examiné et épuisé toutes les hypothèses et les objections des philosophes contre l'existence de Dieu et la nécessité d'une religion admise dans tous les temps et par tous les peuples, c'est qu'il est impossible de prouver que Dieu n'existe pas. Il se garda bien de l'adorer et de l'aimer. Les passions ne le troublèrenr guère, car il était chétif et mourut d'une phtisie pulmonaire, en 1677, à l'âge de quarante-cinq ans. Le seul attachement qu'on lui ait connu n'est pas scandaleux. Il se plaisait à faire la chasse aux mouches et à les voir se défendre contre les araignées. Si c'est là tout le bonheur pour un athée, il faut couvenir que c'est bien peu de chose. Saint Paul, qui a été ravi jusqu'au troisième ciel, annonce quelque chose de plus magnifique, de plus durable, à tous les chré·tiens qui auront pratiqué les commandements de Dieu et les commandements de l'Église.

Bayle est acclamé comme un maître en scepticisme. Cousin a dit qu' « il est plus paradoxal que sceptique, comme il est plus érudit que penseur ».

Il doit le jour à un pasteur protestant; il se convertit de bonne foi, et, au bout de dix-sept mois, il retourne à la prétendue *Réforme*. On le voit répétiteur dans plusieurs maisons; il finit par attraper une chaire de professeur. Après avoir beaucoup lu, il produit beaucoup. Il abonde surtout en citations des principales langues. On a pris pour de la critique une profusion de témoignages pour et contre tout, qui ressemble parfaitement à un commérage de vieille femme. Les gens qui ne veulent rien croire le trouvent un dialecticien incomparable dans les contradictions; ils ont cependant assez d'étude et de bon sens pour juger ce pauvre néant d'articles et de notes. Ils pardonnent le galimatias du fonds, parce que Bayle possède tout le vocabulaire de la débauche. Ils y cherchent moins un arsenal d'impiétés qu'une pharmacie d'excitants. Tous savent les quelques mots qui résument tous les scandales de l'histoire et de la calomnie; on lui en sait gré. Mais ce qui manque incontestablement à Bayle, c'est le souffle de la vie virile. Qu'on nous montre donc sa galerie de femmes, ses tableaux vivants! Ce sont des comptes d'apothicaire. On convient généralement que Bayle fut irréprochable dans ses mœurs; il n'a cessé d'être délicat, infirme, solitaire, et il a fini sa vie par une décomposition de sang, à cinquante-neuf ans, en 1706. Ainsi, impie et obscène parce qu'il fut impuissant. Mathieu Marais a eu beau scruter sa vie privée, il l'a seulement soupçonné d'avoir pu corrompre la femme de Jurieu, et il le déclare aussi continent que possible. «Il a été obligé, dit-il, de faire l'apologie des obscénités. Comme philosophe, Bayle est de la secte des Pyrrhoniens. Il dit qu'il y a un mariage naturel entre tous les hommes et toutes les femmes, et que la nudité n'est pas si blâmable. » Il n'y a qu'un impuissant qui aille jusque-là.

Mathieu Marais fut le correspondant le plus utile de Bayle. Avocat, il recherchait tous les cas d'impuissance, toutes les accusations d'adultère, toutes les causes de séparation, et se mettait au courant de tous les scandales du Palais et de la Cour. Il regardait le quatrième livre de l'*Énéide* comme le plus bel ouvrage que l'esprit humain ait produit. Il est mort à soixante-douze ans, mais sans avoir été un grand sujet de médisance pour son inconduite. Il fut successivement attaqué par la goutte, la gravelle, la sciatique, l'ophtalmie. Le 12 janvier 1727, il écrivit à Bouhier, le président du parlement de Bourgogne : « Vous me demandez si je ne suis pas revenu de la bagatelle : j'en suis bien revenu, car je n'y suis presque jamais entré. » Comme Bayle, il se bornait à faire de l'amour pour l'amour, du scandale pour le scandale.

Locke mourut, en 1704, à l'âge de soixante-treize ans. « Il jouissait à juste titre de l'estime universelle, dit Joseph de Maistre. Il avait des vertus, même de grandes vertus. Très honnête homme et même chrétien raisonnable. Il s'intitulait chrétien, même il avait écrit en faveur du Christianisme, suivant ses forces et ses préjugés, et la mort la plus édifiante venait de terminer pour lui une vie sainte et laborieuse. » Il était railleur au besoin, mais toujours charitable, malgré son peu de fortune. Il profitait de ses grandes connaissances en médecine pour visiter et soulager les pauvres. C'est qu'il avait du cœur ; aussi la lecture de la *Bible* et l'étude sérieuse de l'histoire l'amenèrent à des résultats qui sont en contradiction avec son esprit. De Maistre estime que «Locke sera placé unanimement au nombre des écrivains qui ont fait le plus de mal aux hommes». De Maistre affirme que « Locke ne comprend rien à fond, n'approfondit rien ». Il trouve dans Locke « tous les germes de la philosophie la plus abjecte et la plus détestable ». Il motive ainsi son jugement : « Locke, dans le premier livre de son triste *Essai*, écume l'histoire et les voyages pour faire rougir l'humanité. Il cite les dogmes et les usages les plus honteux ; il s'oublie au point d'exhumer d'un livre inconnu une histoire qui fait vomir ; et il a soin de nous dire que, le livre étant rare, il a jugé à propos de nous répéter l'anecdote dans les propres termes de l'auteur : et tout cela pour établir qu'*il n'y a point de morale innée.*—Ennemi de toute autorité morale, il en voulait aux idées reçues, qui sont une grande autorité. Il en voulait par-dessus tout à son Église. Locke ne prit la plume que pour *arguer et contredire*, et son livre, purement négatif, est une des productions nombreuses enfantées par le même esprit qui a gâté tant de talents bien supérieurs à celui de Locke. — Après avoir posé les fondements d'une philosophie aussi fausse que dangereuse, son fatal esprit se dirigea sur la politique avec un esprit non moins déplorable. Il a parlé sur l'origine des lois aussi mal que sur celle des idées ; et, sur ce point encore, il a posé les principes dont nous voyons les conséquences. » Ainsi Locke aime les immoralités, et il rejette la morale. Il s'agit de savoir s'il pouvait pratiquer ces principes. Il n'a prêté le flanc ni à la médisance, ni même à la calomnie. Il avait un modeste patrimoine ; il fut secrétaire d'envoyé en Allemagne, puis du chancelier ; il ne put conserver aucun emploi à cause de ses maladies. Toute sa vie se passa dans la souffrance ; voyages et changement de régime, rien ne put le guérir. S'il a connu la femme, ce ne fut que la garde-malade. Ses vertus négatives donnent raison de son système purement négatif. Forcément moral et rangé, l'immoralité ne resta pour lui qu'une chimère.

Swift, dont on ne connaît guère en France que *Gulliver*, mourut en 1755, à l'âge de soixante-dix-huit ans. Il était né assez pauvre et très laid ; naturellement il fut porté à regarder la société comme une marâtre.

Il devint de plus en plus misanthrope, malgré les liaisons qu'il contracta avec les classes supérieures et même avec les personnages les plus élevés. Il eut beau douter de tout, il n'hésita point à demander l'aisance à l'Église anglicane; quand il eut reçu les ordres, il finit par obtenir le doyenné de Saint-Patrick qui lui valait plus de vingt-cinq mille francs. Il ambitionnait un évêché; on le lui refusa. Donc il crut avoir le droit de se révolter contre tous les abus du trône et de l'autel. Il s'établit censeur et fut redouté comme un Caton. Il se dédommagea de son zèle en tenant bonne table. La goutte arriva, puis la surdité, enfin de fréquentes attaques d'apoplexie. Sa rage empira et le poussa à la folie la plus complète. Les neuf dernières années de sa vie, il fut un objet de pitié et de risée pour ceux qui allaient le visiter dans une maison de santé. Il fut aussi libre que sceptique dans ses écrits, et n'eut aucun sentiment de la pudeur : aussi Walter Scott lui a-t-il reproché d'avoir été licencieux et même dégoûtant, dans ses propos comme dans ses ouvrages. Il recherchait la société des femmes; mais il évitait, comme le feu, le tête-à-tête. Pendant seize ans il confia l'administration de sa maison à la fille de l'intendant de son protecteur; pour lui, c'était simplement une amie. A l'imitation des eunuques qui croient pouvoir s'accorder le luxe d'un sérail, il eut la fantaisie de contracter un mariage, mais un mariage

nul, car il stipula qu'il y aurait perpétuellement
séparation de corps. Sa femme finit par mourir de
honte et de regret. Une autre femme, qui ignorait
cette espèce d'union platonique, s'éprit de lui et
parut l'aimer et le rechercher pour le bon motif.
Swift avait déjà trop d'une femme légitime pour
convoler en secondes noces; il n'avait pas besoin
d'une maîtresse honoraire. Il est probable qu'il fut
impuissant toute sa vie.

L'Écossais Hume était un cadet de famille peu
fortuné, lourd, gauche, taciturne, d'une physionomie fort bête. N'ayant pas assez pour vivoter
dans son pays, il passa trois ans soit à Reims, soit
à la Flèche. Il revint dans sa patrie pour publier un
livre qui contenait les éléments de tous les sys-
tèmes qu'il développa plus tard. Il ne voulait ni de
dogme ni de morale, et passait le suicide à ceux
qui concluraient avec lui que Dieu n'est qu'une
hypothèse, et que l'âme finit avec le corps. Personne ne fit attention à lui. Il demanda l'avenir au
commerce; il y renonça parce qu'il fut la risée des
commis. Il brigua une chaire de professeur; sa candidature fut rejetée. Dénué des qualités sociales, il
se vit traité longtemps avec indifférence. Tout ce
qu'il put obtenir, ce fut un emploi fort modeste de
bibliothécaire des avocats à Édimbourg. Les années
lui furent favorables. Il attrapa la place de précepteur chez un fou; il devint ensuite secrétaire d'am-

bassade à Vienne, à Turin, et enfin à Paris. Il arriva même au poste de sous-secrétaire d'État, et il voulut bien accepter du roi une pension d'environ deux mille francs. L'aisance ne changea rien à ses opinions. Il eut beau publier des ouvrages, le public les dédaigna; celui sur le succès duquel il comptait le plus trouva à peine quarante-cinq amateurs. Pour se venger, il voua une haine éternelle aux théologiens qui le méprisaient, et surtout aux Anglais qui ne le lisaient point; il les traita de barbares, et leur souhaita plus de revers et de calamités que la France n'a pu s'en permettre dans ses guerres les plus acharnées contre l'Angleterre. Il ne pardonna point au monde officiel de le regarder comme un épicier, et de se moquer de son embarras quand il était perdu dans un costume écarlate. L'Écosse, l'Angleterre, la France, avaient jugé de même. Insensible au pittoresque de la nature, aux arts, dans lesquels il ne vit que des blocs de marbre ou de pierre et des dimensions de toile bariolée, il se montra indifférent au beau sexe. Il confessait que la femme n'est pas une des nécessités indispensables de la vie. Sous ce rapport, il a pu échapper à la médisance et même à la calomnie. Personne ne lui a connu d'intrigues. A Paris on le tenta, mais inutilement. Impossible d'être plus sot dans la compagnie des femmes. Mme d'Épinay l'a montré placé entre deux jeunes filles, très jolies, très provocantes. « Il les regarde attentivement, dit-elle, il se frappe le ventre et les genoux à plusieurs reprises et ne trouve jamais autre chose à leur dire que : — « Eh bien ! Mesdemoiselles ? — Eh bien ! vous voilà donc ! — Eh bien ! vous voilà… vous voilà ici ! » — Cette phrase dura un quart d'heure sans qu'il en pût sortir. Une d'elles se lève d'impatience. « Ah ! dit-elle, je m'en étais bien doutée ; cet homme n'est bon qu'à manger du veau. » Aussi ennuyeux qu'ennuyé pour les femmes comme pour les hommes, n'importe dans quelle classe. Longtemps sobre et pauvre, il arriva, à force d'économiser sur son revenu qui atteignait à peine mille francs et sur ses appointements qui étaient devenus considérables, à se créer environ vingt mille francs de rentes. Il acheta du terrain et se bâtit une maison. Pour se dédommager de tous les déboires du monde, il tint table ouverte ; il suivit les recettes les plus fameuses, et se piqua d'en inventer. Il se crut si bon cuisinier qu'il porta des défis aux gourmets les plus parfaits. Il se fit un dieu de son ventre. Il avait grossi de bonne heure. Partout on ne l'appelait que le gros David. Il s'engraissa si bien qu'il prit les proportions d'un hippopotame. Le régime d'épicurien ne lui porta point bonheur. Pendant une année il eut à lutter contre une hémorragie intestinale ; la perspective de la mort le laissa dans le vide du scepticisme. N'ayant point aimé, n'ayant point été aimé, haïssant Dieu et les hommes, il resta persuadé qu'il ne sortirait point d'âme responsable de la masse de chair qu'il allait laisser à la terre. Il avait soixante-cinq ans, en 1776, quand cela arriva pour ce ventripotent.

Bayle a été surpassé par Voltaire, à la grande satisfaction de tous les Tartuffes de l'impiété et de la luxure. Voltaire a eu à peine cinq mille livres de rentes de patrimoine, que les pensions du roi, de la reine, du duc d'Orléans, sont venues augmenter, et il est mort le plus riche des hommes de lettres de tous les temps, sur un revenu de deux cent mille francs. Il a fait illusion à son siècle par la quantité plus que par la qualité, en s'élevant peu au-dessus de la moyenne des esprits. Il n'a pu être le premier dans aucun genre, quoiqu'il ait cultivé toutes les branches des connaissances. L'explosion de l'école romantique l'a poussé sur le fleuve de l'oubli. Son esprit n'est plus guère vanté que par des gens qui n'ont aucun esprit, et par les classes qui ne le lisent pas, qui ne lisent qu'un journal. On ne voit plus en lui que l'impie. Voltaire s'est flatté de devenir hardi à mesure qu'il vieillissait. Il s'est fait impie pour devenir plus immoral. Chez lui, la rage de l'impiété a caché une grande impuissance, comme nous le verrons.

Gibbon est mort en 1784, à cinquante-sept ans. Il est né protestant ; il est abandonné à lui-même ;

passionné pour l'étude, il cherche sincèrement la vérité; ébranlé et éclairé par la lecture de Bossuet, il adjure le Protestantisme; dix-huit mois après, il renonce au Catholicisme, parce qu'il est persécuté par sa famille. Il est toujours resté faible et ne fait que languir; il n'a que des ressources modiques pour vivoter; il devient de plus en plus laid. Il voudrait se marier, mais il trouve des oppositions. Ajoutons que la conscience de ses désagréments le rend si timide qu'il n'ouvrit jamais la bouche à la Chambre des communes où il siégea huit ans. Il est tout naturel qu'il se révolte contre la religion et la société. Il déblatère contre l'autorité, mais il change de tactique pour une place lucrative et honorable. La succession de son père, le legs d'une tante, lui procurent une position brillante; ses ouvrages sont pulvérisés par tout ce qu'il y a d'hommes de talent et d'érudition en Angleterre, mais ils sont recherchés par tous les beaux-esprits et les courtisanes de Paris. Rien ne saurait arrêter l'essor de son imagination, qui le pousse sans cesse à reculons. Il a vu toutes les splendeurs de Rome; il a contemplé toutes les merveilles de la vertu, des arts, du talent que nous devons au Catholicisme. Tout cela lui inspire de l'horreur et du dégoût; il regrette la Rome des Césars; il déplore la chute du paganisme, qui était si indulgent pour les passions. De quoi est-il donc capable? Guizot convient qu'il est froid. Il a eu des relations, mais il fut étranger a l'amour. Ainsi, frigidité des sens et esprit de fornication et d'impiété, voilà tout l'homme, voilà toute l'explication de sa vie de protestant, de relaps et d'écrivain.

Beaumarchais était grand, superbe, robuste, actif, hardi, impertinent ou éloquent suivant les occasions, et perpétuellement gai, destiné par conséquent à tous les genres de succès. Il se donna la peine de devenir riche; or, il avait le génie des affaires comme celui des intrigues; il servit d'agent au roi comme à la république des États-Unis et plus tard à la République française; il cultiva le commerce et l'industrie et se montra supérieur dans les négociations et les entreprises; il arrriva rapidement à compter sa fortune par millions, et il put consacrer quinze cent mille francs à se bâtir un hôtel splendide qui resta, plusieurs lustres, une curiosité de Paris. Il ambitionna la gloire littéraire; il obtint la première place à côté de Molière et excita la jalousie de Voltaire. Un jour il semble avoir accaparé l'attention publique. Les tribulations les plus variées et les plus accablantes ne firent que lui donner un air de potentat; procès d'argent et d'honneur, détention arbitraire du roi, incarcération pour dettes à Londres, séquestre de sa maison et de ses biens, perte de deux femmes, rigueur de l'exil, éloignement de sa famille, pauvreté à Hambourg où il fut obligé de regarder à une allumette, injustices des républiques qui refusèrent de lui rembourser ses immenses avances : rien n'altéra son humeur. Il fut grand par le cœur comme par l'esprit. Aussi se montra-t-il généreux comme un czar ; il a prêté ou plutôt donné environ un million à des gens de toute condition et surtout à des artistes et à des hommes de lettres : il prodigua jusqu'à huit mille francs à Dorat. Fils excellent d'un père admirable, mari adoré de trois femmes successives, père tendre, soutien de tout ce qu'il avait de parents comme d'amis, il réalisa la vie d'un patriarche. Élevé chrétiennement et entouré de proches très rangés, il amena à mourir muni des sacrements de l'Église le prince de Conti qui avait repoussé et son curé et l'archevêque de Paris ; il fit augmenter le nombre des messes du dimanche dans sa paroisse ; il eut, une fois, des évêques pour auditoire ; il distingua, parmi des myriades d'amis, l'abbé Sabathier et l'abbé De Calonne, frère du contrôleur général, qui assistèrent avec lui, dans une loge grillée, à la première représentation du *Mariage de Figaro*. Homme le plus complet de son époque, il se vit successivement, puis simultanément, le favori de la cour et des trois ordres. Il avait perdu un million à éditer Voltaire pour lequel il obtint à peine deux mille souscriptions au lieu des quinze mille qu'il espérait. Il venait d'entrer dans ses soixante-sept ans en 1799, sans avoir donné aucune marque d'impiété, comme l'a remarqué La Harpe. Voilà que, le 12 avril 1799 (23 germinal an VII), il adresse *Aux Auteurs du Journal de Paris* une lettre *sur Voltaire et sur Jésus-Christ* que la plupart des journaux contemporains refusèrent de reproduire et que ses éditeurs se sont abstenus de réimprimer, car il nie platement et ouvertement la divinité du Christ, et il met la mort de Voltaire fort au-dessus de celle de Socrate, au moment où la société, dégoûtée des écrits de Voltaire et de Rousseau, éclairée sur tous les abus de la démocratie était mûre pour le *Génie du Christianisme.* De Loménie, son biographe, n'a pu attribuer qu'à un moment d'irritation cette inconséquence tardive qui jure avec le caractère et le passé de Beaumarchais. La cause de cette cause imaginée n'est pas difficile à trouver. Beaumarchais avait conservé l'audace de Chérubin; il possédait l'expérience des années; malheureusement il était signalé, depuis plusieurs années, comme un homme *replet et sanguin*, dans un passeport. Il a dû sentir, dans un moment critique, les inconvénients de la bedaine, symptôme infaillible d'impuissance. Le 18 mai suivant, il mourait d'une attaque d'apoplexie foudroyante. La popularité qu'il avait retirée de la calomnie de ses ennemis l'avait élevé à l'idée d'une Providence; l'affaiblissement des organes le conduisit à la rage voltairienne, en dépit de la grandeur de son cœur, de l'élévation de son esprit et de la satisfaction de toutes les bonnes œuvres pour lesquelles il pouvait espérer que le mal qu'il avait commis serait jugé avec miséricorde. D'ailleurs il avait aimé et il avait été aimé; comment aurait-il soutenu longtemps l'accablement de la haine ou de la tristesse où laisse le vide de toute croyance? Il est impossible de penser qu'il ait passé un mois sans se repentir de son scandale, et sans élever son cœur et son esprit vers Celui duquel découle tout don parfait, et qui a promis une récompense à tout acte de charité, même au don d'un verre d'eau.

Pendant de longues années on a regardé Goëthe comme le successeur de Voltaire. Maintenant qu'on a traduit de Goëthe tout ce qu'il est possible de faire passer en français, il est facile de le juger pour toujours et de le classer. Son universalité de connaissances et de productions ne recèle qu'un ennui sans exemple dans notre littérature. Quelle philosophie! Il a passé sa vie à se demander si toute la minéralogie ne sortait point d'une pierre, et s'il n'y avait pas une plante qui aurait été la semence des quatre-vingt mille fleurs actuellement connues. Malgré ce goût pour l'unité, il met le nom de Dieu indifféremment au singulier ou au pluriel. Il s'est peint dans cet aveu : « Il y a quatre choses que je déteste également : le tabac, les cloches, les punaises et le Christianisme. » On l'a appelé un Jupiter olympien ; était-ce par ironie ? Où donc est sa foudre ? Surtout où sont ses déesses ? Quand sa concubine, fille d'un ivrogne réduit à la misère par son inconduite, devient Mme Goëthe, elle s'adonne au vin, elle boit jusqu'à l'ivresse. Dès lors c'est la bouteille qui est le mari dans ce ménage. Aussi a-t-on prouvé que les amours de Goëthe ne sont que des fables. Après l'avoir surfait sous tous les rapports, comme on fait généralement pour tous les étrangers dont on n'imite que les défauts, Georges Sand finit par le décapiter sur ce billot : « Il faut bien le dire : le sentiment de l'amour a manqué à Goëthe ; ses passions de femme n'ont été que des désirs excités ou satisfaits ; ses amitiés, qu'une protection et un enseignement ; sa théosophie métaphysique, qu'une allégorie ingénieuse voilant le culte de la matière et l'absence d'amour divin. »

A l'époque où l'on lisait encore Voltaire et où Audin travaillait à l'histoire de Luther, de Calvin, de Henri VIII et de Léon X, il y a eu un Français qui écrivait secrètement ces lignes : « Il fallait peut-être l'âme généreuse, bonne, irascible, de Luther pour porter les peuples à douter de Rome (c'est la plus grande action des temps modernes). L'esprit exact, l'éloquence inattaquable de Calvin, étaient faits pour compléter la victoire. — J'estime fort Calvin ; sans doute il valait mieux que les prêtres romains de son temps. D'abord, sans avoir fait vœu de pauvreté, il est mort pauvre et a toujours vécu pauvrement. Il a formé un peuple sage et moral qui, après trois siècles, conserve encore l'empreinte d'un caractère individuel. Il me semble que ce qui distingue Genève, c'est que les deux sexes s'y voient aussi peu que possible. » Qu'est-ce donc que ce Beyle qui pensait toutes ces erreurs ? Henri Beyle n'est guère qu'un Rousseau sans imagination, sans enthousiasme, sans éloquence, sans idéal. Il ne fut jamais malheureux; il dut l'aisance, d'abord à sa famille, puis à des places. Il eut l'occasion de parcourir une partie de l'Europe et de hanter les principaux personnages du temps. Il ne cultiva que sa raison. Il put observer les hommes et les choses; il ne vit rien de haut. Une partie de sa vie se passa dans les bureaux; il n'eut que le style d'un commis, précis, concis, technique dans le roman, les arts, les voyages, la littérature. Esprit méfiant, il prenait ombrage de tout; aussi eut-il souvent recours à l'anonyme, et il n'est plus connu que sous le pseudonyme de Stenthal. Il faisait peu de cas de Walter Scott et surfaisait Montesquieu; il se moquait du succès du *Voyage d'Anacharsis* et prônait Letronne à peu près inconnu. Quoiqu'il se frotât au grand monde, il jouit plus du bonheur du silence que des variétés de la conversation. Il était difficile dans les salons et fort porté à traiter tout le monde de sot, parce qu'il ne trouvait pas dans la société l'ivresse qu'attire soit le caractère, soit le talent. Il eut des relations, mais ne dut pas connaître l'amitié. Égoïste, il croyait que tout lui était destiné, et il agissait comme s'il eût été dispensé de tout service. Il était incapable de retenir un mot blessant, même contre ses favoris. Il semble avoir traîné l'ennui toute sa vie. Toujours mécontent, il excitait plus de répugnance que de sympathie. Il n'a exposé que des créatures antipathiques. Il décrit toujours, il ne peint jamais. Il court au-devant de toutes les occasions de critiquer. On sait ce qui lui déplaît en tout ; impossible de deviner ce qu'il préfère. Il semble qu'il ne soit pas sorti de la contemplation de sa personne. Il avait la fatuité de mériter des succès en amour, mais il se montra discret dans les détails. S'il fut un homme à bonnes fortunes, il n'a pas prouvé qu'il eût goûté le charme de tous ceux qui ont aimé et qui ont été aimés, car il est de la nature du bonheur d'anéantir la mélancolie et de multiplier à l'infini l'épanchement de la gaieté. De taille moyenne, il était loin d'être beau ; sa bouche était sardonique ; il avait le cou très court et les jambes aussi. On le comparait à Hercule Farnèse. De bonne heure, il grossit et arriva à être embarrassé des développements et de la proéminence de l'abdomen, fâcheux pronostic contre ses prétentions voluptueuses. Il redoutait la vieillesse. Dès qu'il fut entré dans la cinquantaine, il compta avec rage les années, les mois et les jours qu'il avait à supporter. Très coquet, il suivait les modes ; quand il eut perdu ses cheveux, il s'affubla d'un toupet et peignit les quelques poils qui blanchissaient. La goutte arriva, puis les rhumatismes, puis des palpitations de cœur, puis des migraines qui lui enlevaient la mémoire et l'usage de la parole. Les attaques d'apoplexie se multiplièrent. Il y avait dix ans que ces diverses infirmités l'assiégeaient tantôt séparément, tantôt simultanément.

Devant la perspective d'une dissolution prochaine, sa misanthropie empira. Il dédaigna de s'élever de l'amour des créatures à l'amour d'un Créateur et de chercher dans la religion la certitude d'une existence éternelle pour ceux qui ont aimé. Avait-il été aimé ? Ce temps était passé. On le trouva un jour frappé d'une attaque d'apoplexie. C'était en 1842 ; il n'avait que cinquante-neuf ans. Il est incontestable qu'il était arrivé à cet état de *monstre* dont Octave offre toutes les situations morales, les phases physiques, dans le roman d'*Armance*, de 1827. Était-ce alors le pressentiment de l'avenir ? Était-ce alors le premier cri de désespoir contre un commencement d'affaiblissement ? *Armance* restera la confession la plus sincère, la plus complète de Beyle, et le résumé de ses pensées et de ses sentiments. Qu'on lui accorde d'avoir été libertin; mais qu'on lui refuse le titre d'amoureux!

Henri Heine s'est peint dans ses lettres, dominé tour à tour par la haine et l'amour. Il avoue qu'il n'a guère aimé qu'une dizaine de personnes. Le 25 février 1824, il écrit de Goettingue, à Moser : « L'amour me tourmente. Ce n'est plus, comme autrefois, l'amour exclusif pour une seule : je ne suis plus monothéiste en amour; mais, de même que je penche vers la bière double, je penche aussi vers un double amour. J'aime la Vénus de Médicis qui est ici, à la Bibliothèque, et la belle cuisinière du conseiller aulique Bauer. Hélas! et toutes deux sans espoir. » Le 6 septembre 1828, il lui mande encore : « Mon amour pour l'égalité, ma haine de la hiérarchie, n'ont jamais été plus vifs qu'aujourd'hui. » Même confession, le 11 juin 1830, à Vanhagen : « Mauvaise humeur contre tout ce qui sent la noblesse. Une amie bien chère, oui, une amie que j'aime comme mon âme, a eu beaucoup à souffrir de mon humeur grondeuse, seulement parce qu'elle est comtesse hanovrienne et appartient à la séquelle aristocratique que je déteste le plus. » Voici la conséquence de cette horreur de tout ce qui est né et vit dans une sphère supérieure à cet aristocrate d'esprit. Le 27 septembre 1833, il fait cet aveu à Henri Laube : « Je suis condamné à n'aimer que ce qu'il y a de plus bas et de plus fou. Comprenez-vous combien cela doit tourmenter un

homme fier et de beaucoup d'esprit? » Enfin, après
avoir longtemps rôdé et bien refléchi, il se mit dans
la tête qu'il était aimé autant qu'il aimait; il s'at-
tacha à une jeune et charmante Mathilde, de la ca-
tégorie des femmes qui plaisent aux ancillariotes.
Le 5 novembre 1841, il raconte à Camp ce qui s'est
passé avant et après le mariage : « Je vous annonce
un événement dont je ne vous disais rien depuis
plusieurs jours déjà : mon mariage avec la pure et
belle créature qui, depuis des années, vivait à mes
côtés sous le nom de Mme Heine, qui a toujours été
honorée et considérée comme ma femme. J'ai sau-
vegardé ainsi son honneur au moyen de l'autorité
civile et ecclésiastique. » Jeune, il avait voulu épouser une chrétienne; elle le refusa parce qu'il était
juif; il s'en prit naturellement à la Religion. Il
adopta le parti de se faire baptiser dans le protestantisme; il valut moins qu'un bon juif. Il était
pauvre, il lui fallut vivre de son travail; mais pendant longtemps ses écrits eurent peu de succès. Il
s'en vengea en détestant la société. Maintenant il
est à l'aise, il est connu et recherché, et il a passé
par le mariage dans les règles. Sera-t-il heureux et
satisfait? Il y a quelques années, on a publié le tableau de cet amour conjugal. Heine ne put longtemps jouir des délices qu'il avait tant souhaitées;
il fut condamné à ne connaître de l'amour que les
aiguillons de la jalousie. Quand il mourut, à cin-

quante-sept ans, en 1856, il y avait dix ans qu'il
était paralysé de la moitié du corps ; il ne fut plus
que l'eunuque de sa femme. Le malheur le rendit
de plus en plus misanthrope. Il trouvait son châtiment dans le scepticisme et l'impuissance.

Villemain a représenté le scepticisme à l'Académie avec toutes les réserves, les insinuations, les
restrictions qu'exigent les convenances d'un logis
où il est d'étiquette que la parole a été donnée à
l'homme pour déguiser sa pensée. Un jour, il eut
l'ambition de régner dans les boudoirs comme à
l'Institut. Il lui fallut rebrousser chemin jusqu'à la
Commission du Dictionnaire de l'Académie, quand
de la bouche dédaigneuse d'une dame du grand
monde sortit ce mot : « Ce n'est qu'un affranchi. »
A la vérité, il a paru avoir changé plus tard. Un
secrétaire de Sainte-Beuve le voyant, un dimanche,
accompagner sa fille à l'église, voulut savoir ce
qu'il allait y faire ; il se convainquit que Villemain
y lut un livre anglais. Un rédacteur de l'*Univers*
s'étant trouvé, par hasard, à côté de lui à la messe,
raconte que Villemain passa le temps de l'office à
corriger des épreuves grecques. Sainte-Beuve l'appelait le *Thersite des beaux-esprits;* or Thersite et
Vénus n'ont jamais eu de relations ; il ne reste à
Thersite que le lot de la haine.

Mérimée était le sceptique des salons. Il fut membre de deux Académies et sénateur ; il a toujours

cumulé les commissions les plus lucratives des ministères. Ses lettres ont appris pourquoi il fut si triste
au sein de l'aisance, à travers les distractions des
voyages, au milieu des études les plus variées. Toutes
les tentations de saint Antoine ont put se présenter
à son imagination d'érudit, mais le corps était affai-
bli par la maladie. Il se trouvait à un siècle de dis-
tance du temps où, jouvenceau, il entretenait une
jeune actrice avec l'argent que lui donnait une vieille
maîtresse qui lui légua, dit-on, vingt mille francs de
rentes. Comme Érasme, Voltaire et les sceptiques
les plus connus, Mérimée devait se résigner à n'a-
voir pour dames de compagnie que de nombreuses
infirmités.

Tout le scepticisme de Michelet, l'idole de la jeunesse, est facile à deviner, dès qu'il fut forcé de dire,
dans son livre sur *la Femme,* de 1859 : « Je suis vieux
et ne vaux guère. » Il s'en prit à toutes les religions, à
toutes les vertus, à toutes les grandeurs sociales et pri-
vées, et même aux beautés physiques les plus incon-
testables, parce qu'il ne put point fondre les glaces
de la vieillesse au contact de tous les buissons ardents
de l'histoire et de la science, devant le libertinage
des deux sexes, comme en face des amours des
plantes qui le préoccupaient dans la neige des montagnes les plus élevées. La poésie ne lui servit pas
plus que la raison.

A une époque où tout le monde finissait par aimer

Dieu, après avoir aimé et avoir été aimé, La Bruyère disait des *esprits forts :* « Je voudrais voir un homme sobre, modéré, chaste, équitable, prononcer qu'il n'y a point de Dieu ; il parlerait du moins sans intérêt ; mais cet homme ne se trouve point. » Maintenant, ce qu'il y a d'incontestable, c'est que l'anticipation de la vieillesse est le concubinage du scepticisme. La Bruyère n'a cessé d'observer le *dévot* et de le confondre avec l'hypocrite. Aujourd'hui Tartuffe s'est fait sceptique ; le nombre de nos sceptiques impuissants dépasse celui des faux dévots qui scandalisèrent La Bruyère et Molière.

VII

Toutes ces considérations étant inspirées par la vie d'un écrivain qui était plus fier des rares accents de sa lyre que de son pesant fourgon de *Causeries,* et qui est toujours resté plus ou moins poète dans sa prose, toute l'attention doit se concentrer sur la nature des êtres érotiques par goût, par condition, par renommée.

En 1848, M. Louis Veuillot était déjà célèbre, mari, père de famille, méditant l'Évangile plus souvent que le *Dictionnaire de la Fable,* recevant plus d'ecclésiastiques que d'incrédules. Or, il publia les *Libres-Penseurs* dont le deuxième paragraphe de la première page donne cette définition : *Le poète est un moineau lascif ; c'est le fond de sa nature. Il n'arrive pas à la virilité intellectuelle.* Pas de grâce pour le *Cantique des cantiques* dont les trente-sept premiers versets ont fourni à la piété de saint Bernard le sujet de quatre-vingt-six *sermons ;* c'est la mort qui l'a empêché de commenter le reste. Le livre de Job, attribué à Moïse, les *Psaumes* de David et les hymnes de l'Église auraient exigé une réserve, puisque c'est la poésie la plus sublime et la plus universellement connue. Le Théâtre aussi méritait quelques complaisances pour tout ce qu'il contient de grandeur de caractères et de sentiments. Dans l'Épopée il ne manque pas de raison aux circonstances atténuantes, puisque la mémoire de la jeunesse est remplie des passages d'Homère et de Virgile. Même dans la poésie légère, dans celle des Pères de l'Église comme dans celle des hommes du monde, il y a bien des prétextes d'amnistie. Mais la condamnation est absolue. Quelques années se passent. Voilà que M. Veuillot est emporté par le démon de la Rime. Il convient de ne pas le juger rigoureusement sous ce rapport, car il est problable que ses vers lui ont été imposés en pénitence par quelque malin jésuite, pour expier l'orgueil de sa prose et pour satisfaire dans

la proportion des fautes des articles qu'il commet.
En prenant la lyre, a-t-il senti que le feu poétique
n'est pas essentiellement impur ? A-t-il craint d'être
repoussé de ses confrères et de voir sortir de tous
les lauriers du Parnasse un essaim de poètes pépiant
ce quatrain, improvisé pour la singularité de la circonstance :

VEUILLOT

TARDIF

PIERROT

LASCIF ?

Soit rétractation, soit sacrifice, la définition du
poète a disparu des nouvelles éditions des *Libres-
Penseurs*.

Dans le *Philosophe marié*, Destouches avait tran-
ché la question par ce dialologue d'une suivante et
d'un philosophe :

FINETTE.

J'augure
Que vous n'aurez jamais grande progéniture.

ARISTE.

Mais je n'ai pas trente ans. A mon âge, je crois...

FINETTE.

On dit qu'on n'a jamais tous les dons à la fois,
Et que les grands esprits, d'ailleurs très estimables
Ont fort peu de talent pour former leurs semblables.

A l'âge où M. Louis Veuillot écrivit ses *Libres-Penseurs*, Béranger ne connaissait que la mythologie et
n'avait de commerce qu'avec les poètes. Sa XXVIe
chanson est consacrée à l'*Éloge des chapons* et a
pour refrain :

> Bienheureux sont les chapons.

La période de la vie pendant laquelle M. Veuillot
n'a fait qu'une bouchée de son *Moineau lascif* coïncide avec celle où Béranger chantait *la Cantharide*.
La chanson a-t-elle deviné plus juste que la satire ?
Est-ce à la poésie ou à la prose que restera la palme
de la discussion ?

On ne conteste point aux Grecs d'avoir eu im-
mensément d'esprit. Or, ils n'ont pas trop présumé
de l'impétuosité irrésistible de la jeunesse. Hésiode
conseillait aux hommes de ne se marier qu'à trente
ans; Aristote croyait qu'il fallait attendre la trente-
septième année; Platon patiente jusqu'à la trentième année, dans *l'État*, mais, dans ses *Lois*, il
décide que le mariage doit être conclu entre vingt-
cinq et trente-cinq ans. Dans *l'État*, il défend
expressément aux cinquantenaires le devoir conjugal.

Chez les Grecs les poètes ont vécu assez longtemps, mais moins que les philosophes. Voici le
tableau de décès des anciens philosophes :

Aristote à soixante-trois ans ; — Héraclite à soixante-cinq ; — Pittacus, Cléobule et Socrate à soixante-dix ; — Épicure et Anaxagoras à soixante-douze ; — Solon à soixante-dix-huit ; — Pythagore et Platon à quatre-vingt-un ; — Xénocrate à quatre-vingt-deux ; — Diogène, Pyrrhon et Lucien à quatre-vingt-dix ; — Thalès à quatre-vingt-douze ; — Zénon à quatre-vingt-dix-huit ; — Démocrite à cent neuf. L'âge d'Aristophane est inconnu, mais on fixe la mort d'Eschyle à soixante-neuf ans ; — celle d'Euripide à soixante-dix-neuf ; — celle d'Anacréon à quatre-vint-cinq ; — celle de Sophocle et de Simonide à quatre-vingt-dix.

De cette notion de longévité on doit conjecturer que les Grecs n'ont pas abusé de la licence que leur donnait leur religion ; ils valaient mieux que la plupart de leurs dieux. Il est vrai qu'ils ont imputé tant d'intrigues aux dieux et aux déesses qu'il ne pouvait plus guère leur en rester pour leur propre usage. Les hommes les plus célèbres ne se sont pas gênés.

On peut voir dans l'*Histoire de la Prostitution* par Pierre Dufour le nom des courtisanes qui ont compté dans leur clientèle l'orateur Itatoclès, Ésope, Ménandre, Aleman, Harmodius, Aristogiton, Périclès, Socrate, Alcibiade, Cratès, Épicure, Platon, Ménéclide, Sophocle, Antagoras, Lysias, Aristophane, Aristote, Hypéride, Apelle, Aristippe,

Praxitèle, Pausias, Diogène. Alcibiade, Aristote, Épicure, et même Socrate, sont accusés d'avoir eu des habitudes infâmes.

Soit défaut de constitution, soit abus du plaisir, les poètes latins n'ont pas fourni une longue carrière. Tibulle s'éteignit épuisé à vingt-quatre ans. Catulle était déjà décrépit à trente-quatre ans, et mourut deux ans après. Properce ne passa pas la quarantaine. Virgile succomba à cinquante et un ans, ayant demandé de l'amour aux deux sexes. Ovide et Horace expirèrent à cinquante-sept ans. Ovide fut marié trois fois, mais cela ne l'empêcha point de fréquenter les courtisanes ; il avait cinquante ans quand il fut exilé ; il avait alors perdu une partie de ses forces et s'était vu éconduire à cause de sa débilité. Horace ne connut et ne chanta que des courtisanes ; il finit par leur préférer les garçons ; à quarante-trois ans, il se trouva languissant, les cheveux gris, le crâne chauve, les yeux bordés de rouge, le teint jaune et la face ridée ; à quarante-sept ans, il recourt au vin comme à une fontaine de Jouvence ; à cinquante ans, il est obligé de plier bagage et de se réfugier dans la modération, et reste le héros des gens qui n'en peuvent plus et qui se croient sages parce qu'ils sont impuissants ; on les reconnaît à leur bedaine. Martial atteignit soixante-trois ans. Les femmes lui reprochaient sa vieillesse ; il se vengea d'elles par des satires et les quitta pour se livrer au vice infâme. Il s'abandonna à toutes les turpitudes, et devint d'autant plus cynique qu'il lui fallait forcer la nature.

En France nous ne manquons point de poètes à qui il a coûté cher pour avoir voulu vivre comme tous les poètes païens.

Régnier est mort à trente-neuf ans; il y avait déjà longtemps qu'il était grison, épuisé par l'abus des voluptés et rongé par une maladie vénérienne. Le désespoir lui arracha cette confession :

> Puisque je suis rétif au bord de ma jeunesse,
> Et si las! Je ne puis, et jeune et vigoureux,
> Savourer la douceur du plaisir amoureux.
> Ah ! j'en rougis de honte et despitémon âge,
> Age de peu de force et de peu de courage.

Chamfort fut aussi malheureux et désespéré que Régnier qui s'était cru quelque temps un guerrier infatigable; à trente ans, il n'avait plus ni force ni santé, par suite du même accident que Régnier; Mirabeau disait que l'Académie de médecine aurait dû lui élever une statue pour avoir déterré le plus beau cas d'éléphantiasis. Gentil-Bernard voulut reculer le temps de la maturité et forcer la nature de rendre plus qu'elle ne peut contenir; il perdit jusqu'à la raison dans cette lutte de l'imagination contre les sens; il resta hébété les cinq dernières années de sa vie. Hégésippe Moreau a succombé à vingt-neuf ans; il était d'une faible complexion, parce qu'il fut corrompu et épuisé de bonne heure par une jeune et robuste servante.

Si Fontenelle a vécu près d'un siècle, c'est peut-être parce qu'il n'a pas fatigué sa frêle constitution, et qu'à partir de cinquante ans, il ne rechercha dans la société des femmes que les charmes de la conversation. Voltaire avait le même tempérament que Fontenelle. Plus apte aux jouissances intellectuelles qu'aux sensations physiques. Cependant la dernière période de sa vie n'a pas été irréprochable; non seulement sa famille, mais tous les philosophes l'ont regardé comme l'amant de sa nièce, Mme Denis, qui tenait sa maison, ainsi que le disait Beuchot, le dernier écho de la tradition des Voltairiens de naissance. Sa cohabitation avec Mme du Chastelet n'a plus de mystère pour l'histoire. Il n'a fait que ce qu'il a pu. Il suffit d'ouvrir ses lettres pour savoir ce qui lui a manqué. A trente-huit ans, il se plaint déjà de l'inertie des sens; à quarante-sept ans, il se donne pour une ombre d'homme, une ombre des amours; à cinquante ans, il consent à l'existence d'un substitut chez Mme du Chastelet dont il était l'amant en titre; à soixante ans, il confesse son incapacité. Aussi son impuissance a-t-elle servi de motif à l'une des gravures les plus obscènes qu'on puisse voir.

Ce n'est point le tempérament qui a manqué à Diderot, mort à soixante et onze ans, en 1784. Aussi a-t-il bien présumé de l'énergie de l'homme, car il a dit dans ses *Éléments de physiologie :* « Massinissa, après quatre-vingt-six ans, fit un enfant. Thomas Parr, dont Harvey a écrit la vie, s'est marié à cent-vingt ans, et a connu sa femme à cent quarante. » Pour se mettre à l'aise, il professe qu' « il n'y a qu'une passion, celle d'être heureux »; il termine l'ouvrage par cette maxime : « Il n'y a qu'une vertu, la justice ; qu'un devoir, de se rendre heureux; qu'un corollaire, de ne pas se surfaire la vie et de ne pas craindre la mort. » Il a fait un mariage d'amour; sa femme, née Champion et marchande de linge et de dentelles, lui a donné quatre enfants. Malgré tout son enthousiasme pour la vertu, il eut constamment une maîtresse en titre, Mme de Puisieux, puis Mlle Voland. Le nécessaire du mariage et le superflu des favorites ne le contentaient pas. Il n'était pas difficile dans ses caprices. Chamfort remarque que la première venue lui suffisait. Il a pris soin de confirmer sa réputation par ces vers, de juillet 1771.

> Oubliant le peu de génie
> Que Nature m'avait donné,
> Moi, j'ai perdu les trois quarts de ma vie
> A soupirer aux genoux de Phryné.

C'est encore avec des vers qu'il va nous revenir.

En janvier 1772, il prend la lyre et s'abandonne au
dithyrambe ; il s'agit des *Éleuthéromanes ou Abdi-
cation d'un roi de la fève*. Il est si possédé par son
sujet, qu'il oublie d'invoquer, d'exalter et même de
nommer la Raison, cette muse sempiternelle de
toute sa prose. Il se passe également des secours
que le fanatisme lui inspire journellement. Il chante :

> J'en atteste les temps ; j'en appelle à tout âge ;
>   Jamais au public avantage
> L'homme n'a franchement sacrifié ses droits ;
> S'il osait de son cœur n'écouter que la voix,
>   Changeant tout à coup de langage,
>   Il nous dirait, comme l'hôte des bois :
> « La nature n'a fait ni serviteur ni maître ;
> « Je ne veux ni donner ni recevoir de lois. »
> Et ses mains ourdiraient les entrailles du prêtre,
> Au défaut d'un cordon pour étrangler les rois.

Pourquoi se fait-il le précurseur des convention-
nels qui doivent voter la mort du roi et laisser
noyer, fusiller, mitrailler, guillotiner près de deux
millions de citoyens de toutes les classes, de tous
les âges ? Pourquoi tant de haine contre le clergé ?
Les jésuites l'ont élevé, couronné, apprécié ; un
carme lui a payé deux mille francs de dettes ; un
missionnaire lui a commandé six sermons et lui a
donné cinquante écus pour chacun. Pourquoi tant
de rancune contre la société ? Les salons et les
châteaux lui pardonnent les deux siècles de coutel-
lerie de sa race, sa mauvaise tenue, son ton de

tyran de conversation; malheureusement ils le mettent au-dessous de Voltaire et de Rousseau.

Pourquoi tant de fureur contre les rois? L'impératrice de Russie lui constitue une rente de mille francs et lui envoie un mandat de cinquante mille francs pour l'achat de sa bibliothèque dont elle lui laisse la jouissance, sa vie durant; mais le roi de France se passe de ses conseils, et les puissances étrangères ne songent pas à lui demander de code. Ses contemporains ont admiré son désintéressement avec les libraires; ils ont loué son caractère obligeant pour tous ses amis et collaborateurs. Après l'avoir bien étudié, Sainte-Beuve le jugeait bonhomme, et m'avouait qu'il était le seul des Encyclopédistes avecle quel il eût voulu avoir des relations. Faut-il attribuer à une audace de saltimbanque l'atrocité de ses vœux de sauvage? Toutes les contradictions trouvent une explication dans l'âge et ce qui s'ensuit. Il touche à la soixantaine; il a *les cheveux gris*, et s'il songe à la beauté, il est forcé de dire :

> Si le sort *quelquefois* me place à son côté,
> Je la contemple et je l'admire :
> Mon cœur, plus jeune, eût palpité.
> Mais à présent que les glaces de l'âge
> Ont amorti la chaleur de mes sens,
>   J'économise mon hommage.
> La bonté, la vertu, la beauté, les talents,
>   Se sont partagé mon encens.

La beauté ne vient qu'en troisième ligne, au lieu
du premier rang qu'elle occupait. Cette dégringo-
lade a besoin d'être motivée par la dégénérescence
du Samson de l'incrédulité, avant d'être plus tard
constatée par le gonflement prodigieux du cœur au
jour de l'autopsie :

> La beauté, ce présent des cieux,
> Qui *quelquefois* encor verse en mon âme tendre
> De tous les sentiments le plus délicieux.

La vérité serait dans la variante *plus du tout* au
lieu de *quelquefois*. Condamné à la sentimentalité de
l'Amour, le matérialisme de Diderot donne le dernier mot de l'esprit de l'Athéisme. Diderot aura beau
scruter la physiologie, le reste de sa vie, fouiller
dans les mystères de la génération des deux sexes,
des hermaphrodites comme des eunuques du règne
animal ou végétal; tous les buissons ardents de la
science ne feront que glacer davantage le nombre de
ses soixante et quelques années. Il ne cessera de
nier le créateur dans l'étude de la création, parce
qu'il s'aperçoit que l'homme peut bien être toujours
amoureux, mais qu'il est démontré que l'homme
n'est pas un Père éternel.

Béranger est encore plus naïf que Voltaire et
Diderot. Dès sa XIXe chanson, intitulée *Mes cheveux*, il avoue qu'il a vu déjà tomber *tous ses cheveux*. Dans la *chanson* intitulée *Qu'elle est jolie !* il

montre son *front chauve avant trente ans*. A quarante ans, il a l'air de marcher sur des béquilles.
Aussi dit-il à *Rosette :*

> Quoi! vous me parlez de tendresse
> Quand sous le poids de quarante ans
> Je vois succomber ma jeunesse!

Il fait la même objection dans la *chanson* à la
Jeune Muse. Dans la *chanson* suivante, sur la *Fuite
de l'Amour*, il se sent *glacé par l'âge:* il croit avoir
oublié tous les baisers; persuadé que *son bel âge est
passé*, il prie l'*Amour de fuir sa couche solitaire;* et
à quarante-deux ans, dans la *chanson* sur *le Tailleur
et la Fée,* il se fait dire par la fée : *Tu te vois déjà
vieux*. On est tenté d'aller chercher un médecin et
un notaire, quand on l'entend crier plus tard :

> Oh! combien je me sens de rides!
> Hélas! hélas! j'ai cinquante ans.

Alors c'est la politique qui devient sa dernière
muse; c'est l'opposition qui fait le fond des derniers chants.

VIII

On ignore si la postérité rangera Sainte-Beuve au nombre des hommes qui naissent poètes; mais elle ne pourra pas oublier que ses contemporains ont cru qu'il est né laid et qu'il s'est conservé dans sa laideur native.

Tous les peuples ont attaché une grande importance à la beauté. De là le double sens de tous les mots affectés au type du beau dans la variété des goûts. En Russie, le rouge est synonyme de beau; l'Anglais, passionné pour le blond, a donné à l'expression de *fair* le sens de blond et de beau; pour l'Arabe, *hassan* signifie aussi bien un cheval que le plus bel animal et ce qu'il y a de plus beau. A l'idée de la beauté s'est attachée partout la conclusion de la bonté. « Un mesme mot, a dit Montaigne, embrasse en grec le bel et bon; et le Saint-Esprit appelle souvent bons ceulx qu'il veult dire beaux. » Aussi, pour caractériser soit l'ouvrage de chacun des six jours de la création, soit l'ensemble du monde, Moïse se sert de l'épithète de bon. Le Français offre des restes du même usage. Aussi Édélestand du Méril, étudiant *la Reconnue* de Belleau, note qu’il faut entendre par belle la qualité de bonne. Brantôme va plus loin dans cette pensée : « Ces pauvres femmes sont créatures plus ressemblantes à la Divinité que nous autres à cause de leur beauté, car ce qui est beau est plus approchant de Dieu qui est tout beau, que le laid qui appartient au diable. » Alfred de Vigny ne fut que l’interprète de l’humanité, quand il mit dans la bouche d’Éloa ce vers qui est l’un des plus parfaits de notre époque :

Puisque vous êtes beau, vous êtes bon sans doute.

Le revers de la médaille est aussi vrai, si l’on y grave ce corollaire, en changeant seulement les deux adjectifs :

Puisque vous êtes *laid*, vous êtes *bas* sans doute.

Suivant le *Lévitique*, ch. XXI, chez les Hébreux les fonctions sacerdotales étaient interdites au lévite, s’il était ou aveugle, ou boiteux, ou chassieux, ou bossu; s’il avait une taie sur l’œil, ou une gale incurable, ou une descente, ou une gratelle sur le corps, ou une fracture, soit de pied, soit de main, et même si son nez se trouvait soit trop grand, soit trop petit, soit tortu. Saint Anastase Ier, qui fut élu pape en 398, défendit d’ordonner quiconque aurait des infirmités dans le corps. Dans ses *Lois*, livre VI, Platon exige que le prêtre soit enfant légitime, issu de père et de mère sains et irréprochables, et que son corps ne cache aucun défaut. Cette sévérité se répandit à peu près dans tous les cultes.

Les anciens auguraient si mal de la laideur, que les lois de Sparte et de Rome autorisaient la destruction des enfants difformes ou contrefaits. Platon et Aristote ont sanctionné cette barbarie que le Christianisme seul a été capable d'abolir. Livingstone convient que les difformités et les infirmités sont très rares en Afrique, et qu'on y tue encore les enfants qui naissent avec des infirmités ou ne paraissent pas viables ; on condamne au même sort les enfants jumeaux, parce qu'on les regarde comme des monstres. Dans un moment où il oubliait son baptême et sa patrie, Sainte-Beuve qualifiait la Grèce de *Sainte Mère*. S'il était né du temps de Périclès, n'aurait-il pas été étouffé en raison de sa monstrueuse laideur native? Les sceptiques qui sont aussi laids que lui, et qui envient la licence des pays sauvages, devraient penser que, sans le baptême, ils auraient été massacrés impitoyablement sous le climat de la Grèce et de Rome, en l'honneur de Jupiter Olympien, ou qu'ailleurs ils auraient été dévorés par des animaux.

Abandonnée à son instinct, la femme devient superstitieuse, mais ne tombe point dans l'athéisme, malgré tous les écarts où elle se jette. Aussi trouve-t-on une Sainte Clotilde au baptême de toutes les nations chrétiennes. Aucune femme ne prit part aux outrages de la Passion de Jésus-Chrit; le châtiment du déicide qui est gravé sur le front de chaque juif, a été adouci en faveur des femmes juives; elles ont été récompensées de leur abstention par un surcroît d'attraits. Les croisés ont tous été frappés de la séduction des habitantes de Nazareth et de la Palestine, et les grands artistes de Rome ont toujours eu l'habitude d'aller demander au quartier des Juifs le type de la beauté aux filles de Sara et de Rebecca. Dans toutes les guerres de religion et dans les révolutions, la complicité des femmes est assez faible. A l'époque où l'impiété régnait en France et où l'on arracha violemment de Rome le souverain pontife, les prélats italiens qui accompagnèrent Pie VI jusqu'à Valence, ont constaté qu'il n'y eut aucune femme qui n'ait vénéré dans le prisonnier du Directoire le vicaire de Jésus-Christ.

Partout la femme chrétienne conserve mieux et plus longtemps que la femme païenne, les qualités de son sexe. On a constaté que, chez les Romains, la femme était vieille à trente ans, dégoûtante à trente-cinq et décrépite à quarante. Dans son *Voyage à Constantinople*, M. Théophile Gautier fait cette remarque : « On ne peut savoir qu'en Orient à quelle laideur fantastique arrivent les vieilles femmes qui ont renoncé franchement à leur sexe, et que ne déguisent plus les savants artifices d'une toilette laborieuse ; ici même le masque ajoute à l'impression ; ce que l'on voit est affreux, mais ce que l'on rêve est épouvantable. Il est fâcheux que les Turcs n'aient pas de sabbat, pour y envoyer ces sorcières à cheval sur un balai. »

Il est rare que chez l'homme la laideur ne soit pas un miroir de mauvaise augure. « Le caractère dont Dieu marqua au front le premier meurtrier de son frère, remarque De Bonald, se retrouve dans ses descendants. L'habitude du crime, comme celle de la vertu, se peint dans les traits du visage, surtout dans les yeux. Je ne connais pas d'exception à cette règle, et la beauté de la figure ou sa laideur n'y changent rien. C'est le défaut d'harmonie entre les traits du visage, plutôt que l'irrégularité de chaque trait pris séparément, qui fait les physionomies malheureuses ou suspectes. » La laideur du visage et la bassesse de l'âme ont été réunies par Homère dans Thersite, par Shakspeare dans Caliban, par Walterscott dans le Nain noir. Michelet a signalé la figure farouche, les yeux verts, le teint rouge et taché de sang de Sylla. Les bustes des Césars personnifient tout ce qu'il y a de ruse, de puissance, de voracité, de répugnant, dans les bêtes fauves. Tous les ravageurs de provinces semblent avoir suivi l'instinct de l'animal plutôt que la raison de l'homme. Un jour d'émeute, un observateur impartial reste stupéfait de tout ce qu'il y a de hideux parmi les têtes qui surnagent dans l'arnachie de la société. Milton n'eut besoin que de se souvenir des visages régicides d'Angleterre pour peindre le cahos où grouillent les démons. La domination du mal est perpétuellement le triomphe des caricatures. Les *Actes des Apôtres* ont été frappés de la laideur comme du signe distinctif des révolutionnaires; ils prétendaient que leur face ressemblait assez à leur derrière. Chateaubriand a dit des Cordeliers : « Les plus difformes de la bande obtenaient de préférence la parole. Les infirmités de l'âme et du corps ont joué un grand rôle dans nos troubles. L'amour-propre en souffrance a fait de grands révolutionnaires. » Le duc d'Orléans, surnommé Philippe-Égalité, avait perdu tout cachet de race princière dans les excès de la table et de la luxure; il était couperosé. Le bègue Camille Desmoulins était d'une laideur atroce, parlait avec peine; il avait le teint bilieux de Robespierre, le regard sinistre de l'orfraie et la physionomie démoniaque. Couthon ne fut qu'un cul-de-jatte, répondant par la haine à l'horreur qu'il inspirait. « Fouché avait l'air d'une hyène habillée, suivant Chateaubriand. Il haleinait les futurs effluves du sang. » Saint-Just avait la raideur d'un bloc et ne bougeait qu'à la façon d'une machine. « Carrier avait sa figure contre lui, observe Michelet. C'était un Auvergnat baroque, d'aspect bizarre, fantastique, improbable. Il était long, n'était que bras et jambes, comme un télégraphe furieux. Des tics étranges, des signes vraisemblables d'épilepsie. » Le chef de Danton rappelait celui des nègres ; Rœderer le comparait au dogue et Fauchet l'appelait le *Pluton de l'éloquence*. Mirabeau avait imprimé sur la constitution des vielles maisons tous les stigmates des désordres modernes ; il y avait en lui moins la crinière du lion que le repoussoir du porc-épic ; ses joues ressemblaient à une écumoire ; aussi, quand on lui intenta un procès de séduction, il lui fut facile de se justifier, en priant les juges de bien considérer sa personne. Robespierre, malgré sa propreté et sa coquetterie, ne rappelait à Fiévée qu'un tailleur de l'ancien régime ; il portait des besicles, pour cacher sa timidité à l'Assemblée où il ne parla longtemps que dans les séances du soir ; il était repoussant comme le reptile ; jeune, il demanda une demoiselle en mariage ; ses hommages furent repoussés. Marat, cet ancien médecin d'une écurie, égalant la saleté à la laideur, et tout rongé d'une maladie honteuse, n'est plus que le crachat de toutes ces difformités physiques et morales d'un temps de délire.

« Je n'ai pas rencontré en Asie, a dit M. Poujoulat, une plus belle race que les Bethlémites : ils sont grands, robustes, bien faits ; l'expression de leur visage est noble et belle ; il y a dans leur regard quelque chose de doux et de fier à la fois. » C'est que, chez les races chrétiennes, le type de la beauté se conserve et se perfectionne à l'infini. On trouve peu de cas de difformités dans les saints; plusieurs ont pu naître plus ou moins laids, mais la vertu a fini par réformer et idéaliser leurs traits. Tous les artistes réussissent à produire des Vénus plus ou moins passables; mais il en est peu qui parviennent à faire rejaillir sur la figure la grâce qui déborde du cœur d'un saint. Cette grâce agit si efficacement que toute la nature s'en ressent et forme l'expression. Aussi a-t-on été amené à étendre ce mot de grâce pour caractériser le surcroît de toute beauté, l'empreinte du moral sur le physique. Préault avouait que c'était dans le clergé qu'il avait rencontré les plus admirables modèles. L'artiste qui comparerait les femmes qui prient dans les églises aux femmes qui se pavanent dans les théâtres, arriverait à la même conclusion.

L'Église a rarement compté, parmi les persécuteurs et les hérésiarques, des types de beauté, des souches de grande race; ses ennemis lui sont dénoncés, depuis longtemps, comme une ventrée de la bête. « Julien, observe Rohrbacher, mettait sa vanité dans la malpropreté, dans la longueur de ses ongles, dans l'encre dont ses mains étaient tachées, dans ses cheveux mal peignés, dans l'épaisseur de sa barbe où se promenaient de petits animaux, ce qu'il confesse lui-même, comme les bêtes fauves dans une forêt. » Petite taille, épaules étroites, mouvements ridicules, regard sinistre, tout en lui fit mal augurer de son avenir à ses condisciples qui sont devenus des Pères de l'Église. Luther était louche et roux, d'une figure grosse et pesante ; les lèvres respiraient la sensualité et la méchanceté ; son front paraissait comme une éruption ; on devine que son agitation fut permanente et que le cauchemar a dû troubler ses nuits aussi bien que la pierre : la malheureuse compagne de son apostasie semble bête comme une oie, une vraie maritorne, une laveuse de vaisselle. Guillaume Farel, espèce de nain, rappelait Luther pour la rousseur de la barbe, et Calvin pour la répugnance qu'il excitait. Front étroit, nez effilé, lèvres pincées, œil clignotant, main décharnée, tout chez Cranmer sortait du même moule que Calvin ; on eût dit deux jumeaux. Calvin aurait été écrasé par le ridicule dans tout pays où il n'aurait pas usurpé assez d'autorité pour châtier, bannir, brûler tous ceux qui le réfutaient, qui se moquaient de son accoutrement, de sa tournure, de ses gestes, de toute sa physionomie. A première vue, il résulte de ses portraits qu'il a dû être un croquemitaine ou un bourreau. Quoiqu'il fût mort à cinquante-cinq ans, il paraissait vieux, fatigué, usé, ridé, décoloré, glacé. De bonne heure il avait été sujet à des migraines ; puis vinrent les coliques, les spasmes, la goutte, des hémorroïdes, la pierre, la gravelle, une hémorragie interne, la fièvre quarte, des crampes de jambes, des névralgies, des indigestions sans fin ; de sorte qu'à l'âge de quarante ans il avait cumulé intérieurement comme extérieurement toutes les décrépitudes de la vieillesse. Tout cela était dominé par le génie du mal, toutes les inventions de la tyrannie. Jeune, il avait été condamné pour des mœurs infâmes ; il emporta dans la tombe des traces d'une maladie honteuse qui devait dater de loin, à moins qu'elle n'eût été occasionnée par des goûts primitifs, puisqu'il est impossible d'admettre que cet abrégé des infirmités physiques ait été en état de quelque velléité amoureuse. Luther, qui finit ses jours à soixante-trois ans, a dû arriver aussi à l'impuissance par l'usage immodéré de la bière, attesté par sa bedaine. On l'appelait le Pape Bière.

Ulric Hutten ne peut être qu'un chevalier à la triste figure. En 1523, il succombe, à trente-cinq ans, à une maladie honteuse. Il y a treize ans qu'il la traîne en tous lieux. Il est poussé à rechercher l'amitié de Luther et de Mélanchton ; il a de graves raisons pour adopter la Réforme. Mais, abandonné par sa famille qui le vouait au cloître, il est plus pauvre que chétif ; il ne vivote qu'avec les secours de la camaraderie. Il s'en venge en écrivant contre les moines qui sont riches, qui se portent mieux

que lui. Il a beau se remuer, s'agiter, se déplacer,
il ne parvient nulle part à trouver le repos et l'indépendance ; son caractère et ses opinions lui créent
perpétuellement des obstacles. Il s'en dédommage
en vouant une haine éternelle à cette Rome qui
est devenue le rendez-vous de tout ce qu'il y a de
beau, de grand, d'impérissable dans les arts et les
lettres.

Henri VIII décéda à cinquante-six ans, après un
règne de trente-huit. Il était d'une taille gigantes-
que, bien proportionné ; il passa pendant quinze
ans pour le plus beau cavalier de son époque, doué
de tous les charmes du corps et de tous les dons
brillants de l'esprit, causeur et écrivain, musicien
et théologien, militaire et politique. Il commença
comme Salomon, continua avec la cruauté d'Hé-
rode et finit en Vitellius. La luxure le travailla
tard ; la gourmandise le tyrannisa pour toujours.
Plus de dix ans avant sa mort, il eut un ulcère in-
guérissable qu'on eut beau bander et soigner ; il
sortait de cette plaie une odeur infecte qui se ré-
pandait au loin et une suppuration qui perçait le
linge, découlait comme une fontaine, et laissait
sur son passage des taches dégoûtantes. Rien ne
put retenir le penchant auquel il s'était abandonné.
Il voulut avoir perpétuellement une table aussi
abondante que délicate. Boire et manger, ce fut sa
principale occupation. Il rechercha et récompensa

tout ce qu'il y eut d'habiles cuisiniers à son service ; il n'hésitait point à donner une abbaye à un
inventeur de quelque recette. A force d'être rempli, chargé, son ventre se dilata, s'enfla, se répandit en hauteur, en largeur, en profondeur, au point
qu'il devint un foudre qui aurait éclaté s'il n'avait
pas été contenu par un cercle de fer. Les jambes
pliaient sous ce fardeau avec peine; à la fin, elles
furent trop faibles pour le charrier. Il fallait le
hisser sur un cheval ou le voiturer dans un fauteuil
à travers les appartements pour le faire respirer. La
figure sembla injectée de sang ; les joues, surchar-
gées de graisse, tombaient avec indolence, comme
si elles avaient eu besoin d'être retenues comme
l'abdomen. Toute forme humaine disparut ; on
n'apercevait plus qu'une masse de chair énorme ;
les doigts étaient restés perclus et refusaient de
fonctionner ; ils s'accordaient parfaitement avec les
jambes. Le fondateur de la religion anglicane ne
saurait être que le roi de la bedaine. Cette bedaine
pyramidale prouve que la continence n'est pas impossible à une forte partie du genre humain, et
que c'est l'incontinence qui est impossible aux épi-
curiens ventrus.

Voilà ce que la Réforme a fait du plus bel homme
de son temps. Voyons un peu ce que la licence
ajoutera à une laideur native, chez les plus fameux
ennemis de la religion et de la morale.

L'Arétin mérite le premier rang puis, qu'aucun écrivain n'a plus méconnu la morale de l'Évangile ni reculé aussi loin vers la prostitution du paganisme. Philarète Chasles le juge ainsi, d'après un de ses portraits : « Tête pleine de caractère, d'un caractère ardent, effréné, odieux, ignoble. Cette figure de loup qui va mordre, c'est lui. Le front recule, le sourcil surplombe, l'œil est creux et ardent, la narine s'entr'ouvre, et la lèvre inférieure s'abaisse et laisse apparaître les dents; des rides nombreuses plissent le coin des yeux, la racine du nez est enfoncée, le crâne s'enfuit vers le sinciput; l'angle facial est très aigu; la partie postérieure du crâne, siège des appétits sensuels, est d'une prodigieuse grosseur; et la tête, privée de cheveux sur le devant, semble se renverser en arrière par un mouvement naturel. Vous ne croirez jamais que ce soit là un grand homme. Les passions brutales sont haletantes sur cette figure : aucun repos, nul calme, nulle méditation. La barbe majestueuse dont son menton est chargé ne l'ennoblit pas. C'est un Faune, non un philosophe. »

Gibbon est digne du même nom qu'une espèce de singes aux longs bras qu'on trouve dans l'île de Sumatra; la première fois que l'aveugle Mme Du Deffand palpa sa figure sans nez, elle recula d'horreur, convaincue qu'on se moquait d'elle en lui présentant un derrière humain. Philarète Chasles, dont nous avons exploité l'*Étude* sur l'Arétin qui est son chef-d'œuvre, va nous fournir tous les traits qui compléteront le portrait d'Hume que nous avons précédemment ébauché. Or, Hume est né laid. Il augmenta ce désagrément par son peu de goût pour la toilette. Il dédaigne et broderies, et épée, et nœuds d'épée. Il s'affuble d'un petit habit noir étriqué qui fait faire des plis à un immense gilet blanc dont le tabac se sert comme d'une serviette. Il rappelle le pasteur protestant de quelque province éloignée. S'il endosse un costume, il touche à la caricature, tant il paraît baroque, embarrassé, ridicule. De bonne heure mis au ban de la société anglaise et même du calvinisme écossais, il n'a aucun usage du monde. L'isolement auquel il fut si longtemps condamné, l'a préparé à la haine et au mépris de toutes les formules d'urbanité. Il reste grossier, gauche, taciturne. Il ne sait ni marcher, ni saluer à propos. Il grisonne, il s'enrichit d'un double menton et prend de l'embonpoint. Il n'en est que plus lourd. Il a l'œil narquois et indifférent, souvent endormi ; la paupière est à demi fermée. Il a la parole douce et mielleuse, mais il garde presque toujours le silence. Une fois qu'il s'est planté dans un fauteuil, il croise les mains sur sa bedaine et reste indifférent à tout ce qui se passe autour de lui. On lui parle, il ne répond pas. On le caresse, il ne bouge point. On l'accable de compliments, il ne les comprend nullement. On dirait un Brid'oison taillé dans un potiron.

Demandons la physionomie de Rousseau à trois femmes qui avaient de bons yeux pour l'observer et assez d'esprit pour le juger. Or, la seconde femme de Francueil dit de Rousseau : « Air demi-niais, demi-bourru, petit homme assez mal vêtu et comme renfrongué. » Mme D'Épinay est plus explicite dans ces lignes : « Il paraît ignorer les usages du monde. Il a le teint brun ; et des yeux pleins de feu animent sa physionomie. Lorsqu'il a parlé et qu'on le regarde, il paraît joli ; mais lorsqu'on se le rappelle, c'est toujours en laid. De temps en temps l'air fafarouche. » Mlle D'Ette passe ce vernis sur le portrait : « Il est certain qu'il est laid. »

La statue de Voltaire, faite d'après nature par Pigalle, n'appelle que le sourire ; on l'a toujours cachée dans quelque coin ; le comte de Maistre et Mme de Staël se sont accordés pour rendre la physionomie de l'impie ; il a fallu créer un mot pour la caractériser.

Les cardinaux de Rome ont été les premiers à lire couramment les hiéroglyphes de la réprobation sur le front calviniste de Lamennais, qui aurait pu être le successeur de Bossuet, et qui préféra mourir en sauvage.

Byron avait autant de bon sens que de brillantes facultés ; Walter Scott a toujours cru qu'il se ferait

catholique. Il était aussi beau que riche ; il eut le
malheur de se croire un disgracié de la nature parce
qu'il boitait un peu. Il aurait renoncé à la gloire et
à son titre de lord, s'il avait pu échanger ce sort
pour la régularité de ses pieds. Son imperceptible
difformité avait été la dérision de sa mère, et fut la
cause d'un refus de la première fille qu'il aima pour
le bon motif. Il resta toujours timide et embarrassé
devant les femmes. Quelques-unes l'ont recherché
et aimé. Son caractère resta le même et empira
avec le temps. Aussi, de désespoir, il finit par s'a-
donner, en Grèce, au vice infâme ; ce scandale fut
si public, si certain, que ses dévots ont pris le parti
de garder le silence sur ses dernières années, afin
de n'être pas obligés de toucher à cette matière. Les
contradictions de ses poèmes sont faciles à expliquer
par ce sentiment de la laideur, cause d'un incon-
solable dépit.

La conscience de sa laideur fut aussi fatale à Béranger. C'est un portrait de vieux portier de faubourg. Il fut chauve à vingt-trois ans, ridé et usé
de si bonne heure, que son front, avoue-t-il, bien
avant trente ans en marquait quarante-cinq. Il s'est
dit, dans la chanson intitulée *Ma Vocation* :

> Jeté sur cette boule
> Laid, chétif et souffrant.

A l'aspect d'une *jolie* créature, il lui fallait se

replier sur lui-même. Alors il ne trouvait que ce refrain :

Et moi, je suis, je suis si laid !

C'était la vérité, car Pelletan nous donne cette explication sur Béranger : « Le commentaire de l'homme enfin, c'est son portrait ; c'est ce masque rabelaisien, cet œil à fleur de tête, ce nez charnu, cette lèvre sensuelle, toujours amorcée d'un sourire ou d'une épigramme. Nulle place, sur cette figure, pour la flamme sainte de l'idéal ou pour l'ombre austère de la rêverie. La nature avait écrit le matérialisme sur son front, et, qu'il le sût ou non, il en professa toujours la doctrine. » Béranger fut logique. Il est laid ; donc à bas les Jésuites ! Il est laid, ridé, chauve, pansard impotent ; donc l'Esprit est de trop dans la Trinité ; donc plus de saint Pierre, plus de sœur de la charité, plus de pape, plus de prêtre, plus de Fénelon, plus de mère de famille, plus de morale, plus d'hiérarchie dans la société. Ce laideron se présente à l'Opposition ; alors c'est un héros que ce satyre ! Stendhal, qui trouve que Cicéron est trop plat, estime que Béranger est peut-être le premier poète du siècle, et certainement le plus honnête homme de France.

A cause de sa position, V*** a été aussi adulé que redouté. On le craignait en raison du peu d'affabilité qu'il fallait présager de sa physionomie. Il semble avoir été créé pour augmenter le nombre des êtres imparfaits dont les artistes se servent habilement de repoussoir dans les tableaux; la proéminence de son dos de chameau exige un singe ou un perroquet pour l'amusement de la galerie. Mais cela n'empêche pas le cœur de palpiter. V*** a la mémoire surchargée des plus beaux morceaux de la littérature ancienne et moderne. Il se souvient que Vulcain ne fut pas repoussé de Vénus. Un jour qu'il s'est récité tout ce qu'on a écrit sur le Beau, il se hasarde à aller trouver une des Aspasies les moins cruelles.

Elle s'attendait à sa visite; mais pour mieux s'amuser de ses poursuites, elle avait eu la précaution de retenir, et de cacher derrière les rideaux, deux amis, MM. G. F. et L. D. L., de façon qu'ils pussent entendre toute la déclaration, aussi distinctement qu'Orgon lorsqu'il est blotti sous la table.

Alors il soupire comme le petit Chérubin, c'est la régle; puis il tombe à genoux, c'est encore dans les us et coutumes du genre. Voilà qu'il s'écrie : « Je suis si laid qu'on n'en croira rien. » L'amour lui refusa l'aumône, précisément parce qu'il était trop laid. Comment se venger de cette humiliation pour son orgueil? Il s'en prend à la courageuse amitié d'une grande et belle princesse pour l'un des plus beaux, des plus grands, des plus éprouvés Souverains Pontifes, pour celui dont Napoléon, qui lui ressemblait de figure, enviait la gloire. Mais il a perdu son temps et son honneur à essayer de ronger cette lime incommensurable de vertu et de génie que Voigt, Michelet et même Béranger ont été forcés d'admirer.

Proudhon était laid, et louchait comme Luther. Même temps, mêmes mœurs. Il existe encore deux individus auxquels on fait attention. L'un continue Spinosa, par la raison qu'il a la physionomie triste et hideuse de l'orang-outan. L'autre ne saurait aller nulle part sans être montré du doigt comme une monstruosité. Comment digérer cette éternelle avanie? Les Spartiates se piquaient de mettre à mort les esclaves dont la beauté blessait leur égalité. Le Verbe s'est fait chair; David avait annoncé sa splendeur; tout ce qu'il y a de grand et de beau dans l'humanité a adoré comme Dieu le plus beau des hommes, et vénéré comme ses vicaires une succession perpétuelle de Papes qui sont comme un atelier de modèles de tous les genres d'expressions physiques et morales. Le monde a eu tort devant la raison d'un hérisson humain qui est la gargouille de l'Église, gargouille assez large pour servir d'égout aux immondices germaniques que le Protestantisme tire d'une charogne, le vrai nom de Luther étant *Luder*, qui signifie charogne, comme l'a prouvé Audin, d'heureuse mémoire.

IX

Sainte-Beuve n'eut jamais besoin de répéter le refrain de Béranger. Il fut longtemps remarqué comme un échantillon de laideur complète des pieds à la tête. Son buste justifie la réputation dont il a joui. Bien qu'il ait un peu gagné avec l'âge, le beau sexe ne l'a ni enlevé, ni recherché. Dans le salon de Mme Récamier, il restait timide et taciturne comme s'il y eût été déplacé ; plus tard, son apparition dans les grandes soirées ne fût pas brillante, et son embarras fit le sujet de maintes plaisanteries dans les cercles de dames. Il faut qu'elles lui aient témoigné de bonne heure leur antipathie, car il fait dire à Amaury, dans *Volupté*, dont la première édition est de 1834 : « Qu'il me suffise de vous dire que je m'avisai un jour de me soupçonner atteint d'une espèce de laideur qui devait rapidement s'accroître et me défigurer. Un désespoir glacé suivit cette prétendue découverte. J'affectais le mouvement, je souriais encore et composais mes attitudes, mais au fond je ne vivais plus. Je m'étonnais par moments que d'autres n'eussent pas déjà saisi à ma face la même altération que je croyais sentir; les regards qu'on m'adressait me semblaient de jour en jour plus curieux ou sincèrement ailleurs. Parmi les jeunes gens de ma connaissance, j'étais sans cesse occupé de comparer au mien et à envier les plus sots visages. Il y avait des semaines entières où je redoublais de déraison, et où la crainte de n'être pas aimé à temps, de me voir retranché de toute volupté par une rapide laideur, ne me laissait pas de relâche. » Aussi la conscience de ses imperfections paralysait son usage de la bonne société et le dépouillait de son charme invincible avec les hommes. Il lui arriva, une fois, de savoir qu'il avait Limayrac pour rival; il avait assurément plus d'esprit que ce blondin, mais il était plus laid et plus gauche que lui; ce fut Limayrac qui garda la ceinture de la victoire. Son tact lui faisait défaut même dans une boutique, aussi bien que dans le boudoir des matrones. Ne sachant comment entamer une conversation avec une pâtissière du voisinage, il dit : « Madame, aimez-vous les vers? » Cette marchande lui répondit naïvement qu'elle ne s'occupait pas plus de poésie que de prose, et qu'elle ne se servait du papier que pour envelopper ses gâteaux. Il ne savait pas mieux s'y prendre avec les basses classes qu'avec la bourgeoisie. Quand il accostait quelque fille du quartier, son carquois de Cupidon se changeait en arsenal d'Escobar et ne lui rendait que tous les lieux communs contre les mauvais prêtres : l'amour dégénérait en controverse de corps de garde et de cabaret.

Il est certain que les qualités morales avaient modifié l'expression de ses traits disgracieux. Les journaux les plus favorables à sa mémoire ont constaté qu'il avait une figure de jésuite.

Sa mère était pieuse et l'éleva chrétiennement ; il conserva la marque indélébile du baptême. La grande préoccupation de sa vie, son monument d'ambition, fut *Port-Royal* dont les témoignages invincibles et involontaires tournent, en définitive, à la gloire de la papauté et de la royauté. Dans les trente volumes de *Causeries* et le reste des Œuvres, le parti-pris du scepticisme fournit plus de conclusions à la vertu qu'au vice. Toutes ses décisions morales et littéraires tiennent plus de la miséricorde que de la justice, ce qui est un dernier hommage à la religion.

De race anglaise par sa mère, fille d'une Anglaise, il eut autant du puritain que du chrétien. Il fut même timoré jusqu'au scrupule. Un homme s'était formé une bibliothèque scandaleuse ; plus tard il en eut honte, mais il pensa que la faute qu'il avait commise pourrait être de quelque utilité à un moraliste ; au lieu de brûler ses livres, il alla les offrir à Sainte-Beuve pour en tirer parti.

A peine Sainte-Beuve eut-il jeté les yeux sur les titres et les gravures de cette collection, qu'il s'empressa d'en faire le dépôt à l'Enfer de la Bibliothèque de la rue de Richelieu, dans la crainte de compromettre sa mémoire, s'il venait à mourir. Dans l'épanchement de la conversation et même dans ses accès si fréquents de colère, toutes ses expressions étaient choisies, réservées; aucun prêtre, aucune mère de famille n'aurait eu à rougir de son vocabulaire d'usage; jusque dans la citation des bons mots, il s'abstenait de la licence. Un soir, causant de poésie avec M. Barbey d'Aurevilly, il se permit de dire : « Les vers, ça se f... », pure répétition du président Ménars, qui avait autrefois prétendu que la poésie, c'est f... par l'oreille; c'est la seule fois qu'il se soit servi devant moi d'un verbe qui ne se prononce pas devant tout le monde et que le Dictionnaire de Littré et celui de Bescherelle n'ont pas plus admis que celui de l'Académie, bien qu'il soit devenu d'un usage universel dans toutes les classes, en dépit des trois cents mots inventés par le XVIe siècle pour définir l'union des sexes, et des quatre cents employés pour peindre leurs différences, si l'on en croit l'*Histoire de la Prostitution*.

La nature le portait au précieux; dès qu'il fut entré dans ce sanctuaire littéraire, la porte se ferma derrière lui; il ne put plus en sortir, faute d'issue.

Il resta la main gantée. Sa plume a touché à tout, mais il s'est bien gardé d'approcher des sujets sca breux. Il a eu plus de pudeur que d'indulgence pour les passions. C'est à cause de cette délicatesse que les prêtres et les femmes des salons ont été insatiables de ses articles. Son penchant pour la grisaille dans le détail l'amena à appliquer l'ostracisme de son principe méticuleux jusque dans le choix des sujets. Toutes les excentricités de l'Histoire, l'héroïsme dans la vertu comme les excès dans le vice, le blessaient et l'embarrassaient. Aussi fut-il impitoyable pour toutes les mortifications pratiquées par les solitaires de *Port-Royal;* il se scandalisa aussi des sabots et des souliers qu'ils fabriquaient. De là, cet aveu de mauvaise humeur : « Il faut convenir que les solitaires de 1662, les plus relevés par la naissance ou même par l'esprit, s'assujettirent à bien des devoirs manuels des plus rebutants et des plus bas, tout ainsi que faisaient, à l'intérieur du cloître, de nobles postulantes, filles d'Aragon ou de Lorraine; et je ne puis m'empêcher de reconnaître qu'il y a quelque chose de répugnant en pure perte dans ces sortes d'emplois à dessein si grossiers, surtout dans les récits détaillés et parfaitement indélicats qui nous en sont faits, et que, sans infidélité, je supprime. »

S'il tint du côté maternel un instinct de puritain qui dégénéra en précieux incorrigible, il dut au

côté paternel une qualité qui se gâta jusqu'au défaut. Son père ne lisait rien sans prendre des notes.
Sainte-Beuve compléta ses études classiques et obli-
gatoires par une éducation littéraire et personnelle.
Pour se former, il se jeta, à corps perdu, dans le
XVIe siècle, l'époque la plus avide de connaissances
de tous genres. Il y puisa une curiosité insatiable,
mais sans limites, comme sans choix ni motifs. Il
voulut tout savoir pour montrer qu'il n'ignorait
rien, soit dans une *Causerie*, soit à propos d'un
vers qu'il s'imaginait rendre meilleur, en le tradui-
sant de l'*Anthologie grecque*. Au lieu d'être un érudit qui est réputé maître pour les sujets qu'il ne
traite que pour les épuiser, il resta un pédant plus
ou moins puant par l'inutile multiplicité de ses
notes, la profusion de ses rapprochements déplacés
et la longueur de ses digressions, qui n'embrassent
ni plus moins que la majeure partie de *Port-Royal;*
de sorte que le plus souvent l'ornementation des
accessoires brise toutes les lignes de l'ensemble et
que le goût de l'ordre aboutit au chaos de la confusion. Les critiques les plus indulgents conviennent
que son monument n'a que la solidité et ta durée
d'un château de cartes. Il n'y a que la sainte maison de Nazareth qui puisse se tenir sans fondations,
sur le sol de Lorette. Il est resté toute sa vie tel
qu'il s'est montré dans les *Pensées d'Août*, à travers
ces vers adressés à un abbé :

> Je vais donc et j'essaie, et le but me déjoue,
> Et je reprends toujours, et toujours, je l'avoue,
> Il me plaît de reprendre et de tenter ailleurs,
> Et de sonder au fond, même au prix des douleurs;
> D'errer et de muer en mes métamorphoses,
> De savoir plus au long des hommes et des choses,
> Dussé-je, au bout de tout, ne trouver presque rien;
> C'est mon mal et ma peine, et mon charme aussi bien.
> Pardonne, je m'en plains, souvent je m'en dévore,
> Et j'en veux mal guérir... Plus tard, plus tard encore.

Pour qu'un pédantisme à la plus haute puissance n'ait pas étouffé le précieux, il a fallu que Sainte-Beuve ait été doué d'une forte dose de moralisme et préparé par les désagréments de la physionomie comme par les tendances primordiales du caractère contre les morsures de cette panthère de la luxure que Dante montre étendue au milieu du chemin de la vie.

Son intimité ne démentait pas l'ostentation de la vie publique.

C'est toujours avec autant d'horreur que de dégoût qu'il me parlait des individus connus pour l'infamie de leurs vices. Un journaliste, fort compromis sous ce rapport, avait fait un article sur mon livre dans une *Revue* et pouvait me donner des documents importants pour les matières auxquelles je me livrais. Sainte-Beuve me dit : « Mettez beaucoup de prudence dans vos relations avec lui. Cousin lui reconnaît infiniment d'esprit et des connaissances étendues et spéciales, mais il évite de lui rendre visite. »

Cependant je l'ai trouvé parfois aussi inconséquent en morale qu'en toutes choses. A propos de Beaumarchais qui a été dénigré et calomnié parce qu'il fut beau, gai, heureux, aimé des femmes, il me dit : « Il n'a aucune moralité ; il ne s'en doute même pas. » Sénateur, il eut l'air de me reprocher mon intimité avec un journaliste dont personne ne vantait plus souvent et plus ouvertement l'esprit. Je lui répondis : « Vous me feriez grand plaisir de me tirer de mon illusion, si vous pouviez m'apprendre quelque incartade qui jure avec sa position d'écrivain. Pour moi, je ne lui ai jamais connu d'attachement qui prête à la médisance des mauvaises langues. » Alors il s'indigne et s'écrie : « Il est bien heureux de pouvoir vivre sans maîtresse. Au reste, je me moque de la morale. »

Il méprisait les détériorations occasionnées par l'âge ou l'abus de la boisson. Il rappelait souvent l'impuissance de Gustave Planche, qui préférait l'eau-de-vie au beau sexe, impuissance divulguée par une femme célèbre dans cette lettre de faire part adressée à tous les écrivains les plus indiscrets de Paris : « Planche ne sera jamais mon amant. La bouteille lui suffit. »

Il signalait l'une des femmes qui ont le plus acquis de renommée comme une créature dont l'immoralité sans goût ni choix aurait mérité une place à l'étable. Indigné du scandale des bas-bleus, il ne comprenait rien aux dames qui sont irréprochables. « Il a raté son portrait de Mme de Créquy, me dit un jour M. Édouard Fournier, parce qu'il a eu le dépit de n'avoir rien à blâmer dans sa conduite. Depuis, il a été tout joyeux de découvrir qu'elle avait pris un amant dans sa domesticité. Elle a gagné dans son estime pour cette faiblesse. » Tallemant des Réaux traitait de *valétudinaires* les femmes qui s'éprenaient de leurs valets.

Ses conversations et ses investigations avaient pour but la chronique scandaleuse. Bien qu'il n'abusât de rien, il connaissait à fond l'histoire de toutes les alcôves. Il recherchait avidement et conservait précieusement dans ses notes tout ce qui se dit, mais ne s'écrit pas sur ce sujet. Il s'est lié avec une jeune fille à cause des rapports qu'elle avait avec les principales *Lesbiennes* de nos jours. Après les galanteries, ce qui piquait le plus son attention de moraliste et de carabin, c'étaient les suites des liaisons dangereuses. S'il a confié au papier tout ce qu'il m'a appris sur les maladies des philosophes et des libres-penseurs, il faudra agrandir les casiers du musée Dupuytren. Tous ses collaborateurs et amis feront bien d'y passer pour retirer leur carte. Sainte-Beuve a été moins discret que le docteur Ricord. Pour moi, je ne nommerai personne, bien que j'aie le droit de prouver que les récents amis de Voltaire ne valent pas mieux que les premiers-nés de l'Encyclopédie.

Cette monomanie pour la carte de Tendre fait supposer qne Sainte-Beuve a dû avoir, comme bien d'autres, ses contradictions de Tartuffe.

Son idéal n'était pas assurément la Vénus de Milo ou de Mécicis, ni quelque Aspasie. Dans un sonnet de *Joseph Delorme,* il a montré ses goûts :

Moi, j'aime en deux beaux yeux un sourire un peu louche.

Il ne laisse rien à dire ni à désirer, puisqu'il a tracé ce portrait de *Muse* dans *Joseph Delorme :*

Avez-vous vu là-bas, dans un fond, la chaumière
Sous l'arbre mort? Auprès, un ravin est creusé;
Une fille en tout temps y lave un linge usé.
Elle file, elle coud, et garde à la maison
Un père vieux, aveugle et privé de raison.
Si, pour chasser de lui la terreur délirante,
Elle chante parfois, une toux dechirante
La prend dans sa chanson, pousse en soufflant un cri
Et lance les graviers de son poumon meurtri.
C'est là ma Muse à moi, ma Muse pour toujours.

Il n'était point de l'école romantique pour rien; il aurait pu, au besoin, faire le Salon de Courbet. Trop timide pour triompher des obstacles de sa laideur, il se résigna aux prétentions les plus modestes. Chaque jour de sa vie rappelait ces vers des *Consolations,* adressés, en octobre 1829, à son ami Antony Deschamps :

Hélas! C’est que j’étais déjà ce que je suis;
Être faible, inconstant, qui veux *et qui ne puis;*
Comprenant par accès la beauté sans modèle,
Mais tiède, et la servant d’une âme peu fidèle;
C’est que je suis d’argile et de larmes pétri;
C’est que le pain des forts ne m’a jamais nourri;
Et que, dès le matin, pèlerin sans courage,
J’accuse tour a tour le soleil et l’orage;
C’est qu’un rien me distrait; c’est que je suis *mal né.*

Il oublia vite l’épître dans laquelle Lamartine lui rappelait la grandeur de l’homme :

En dépit du siècle il n’a dans ce bas lieu
Qu’une œuvre : la vertu; qu’une espérance : Dieu!
Ce sort est assez beau pour un peu de poussière;
Il devrait consoler même un fils de lumière.

Il eut beau lire et écrire, pratiquer les célébrités, changer d’école, de revue ou de journal, il resta le même au milieu de toutes ces circonstances; jamais il ne se corrigea de la bassesse des goûts et des habitudes d’Amaury, de *Volupté.*

Quiconque l’a rencontré dans les rues a dû remarquer qu’il ne lorgnait et ne fixait que les servantes déjà mûres, déjà fanées, plutôt dégoûtantes que provocantes, ces catégories de chair humaine que les tourlourous disputent aux garçons épiciers, aux garçons bouchers. Il passe dans son quartier pour avoir accosté sans succès tout ce qu’il y avait de plus rance en fait de cuisinières et de femmes de chambre ; on dit même que, dans la rue de Fleurus, il a été chassé à coups de balai par un maître aussi jaloux que lui de l'honneur de sa maison. Il fallait qu'il prît pour des appâts de conquêtes ce qui n'est qu'un étouffoir de concupiscence pour les autres.

Cette préméditation de scandale n'était qu'une rouerie. Loin d'être calciné par le brasier de l'amour, il va donner la présomption que son printemps de la vie ne fut que le froid de l'hiver.

Dans le *Dernier Vœu* de *Joseph Delorme,* il se compare au vieillard et ne se trouve bon qu'à être le témoin des plaisirs. Voilà le givre. Voici le verglas. Dans les *Adieux à la poésie* qui suivirent le *Dernier Vœu,* c'est encore un vieillard qui a besoin d'un rayon de soleil pour se réchauffer. Les années s'écoulent, mais pour amener la glace, la glace éternelle des Alpes. On est au mois d'août 1829. L'une des *Consolations* est adressée à Fontenay ; elle renferme cette désolation :

> Moi qui suis là debout, qui les vois et qui pense,
> Qui sens aussi en moi que la ruine commence,
> Moi vieillard avant l'âge, aux cheveux déjà gris,
> Et qui serai poussière avant tous ces débris,
> Quand je porte le sort de mon âme immortelle,
> Mourant, lui laisserai-je une chaîne moins belle?
> La laisserai-je en risque, après l'exil humain,
> D'errer comme un atome au bord du grand chemin,
> Sans se mêler joyeuse au Dieu que tout adore,
> Sans remonter jamais et sans jamais éclore ?

L'hiver est donc arrivé; il sera long, à juger par
la désolation de la désolation du vers envoyé, en
octobre suivant, à Antony Deschamps :

Être faible, inconstant, qui *veux* et qui *ne puis !*

Ses aveux les plus naïfs, les plus explicites, vont
justifier les jugements les plus téméraires. Tant qu'il
y aura de la logique dans le monde, on sera forcé
d'accorder à notre poète qu'il n'a pas été aimé, et
qu'il n'a pas aimé.

Ouvrons les *Poésies* de *Joseph Delorme*. Dès la quatrième pièce, il dit dans un sonnet :

Quand l'avenir pour moi n'a pas une espérance,
Quand pour moi le passé n'a pas un souvenir,
Où puisse, dans son vol qu'elle a peine à finir,
Un instant se poser mon âme en défaillance;
Quand un jour pur jamais n'a lui sur mon enfance,
Et qu'à vingt ans ont fui, pour ne plus revenir,
L'amour aux ailes d'or que je croyais tenir,
Et la Gloire emportant les hymnes de la France.

La vingt-deuxième pièce, intitulée *les Rayons
jaunes,* contient le même délaissement :

Seul, sans mère, sans sœur, sans frère et sans épouse;
Car qui voudrait m'aimer, et quelle main jalouse
        S'unirait à ma main?

Nous arrivons à la trente-huitième pièce. *Le Creux de la Vallée,* n'amène aucun changement :

> J'ai toujours été seul à pleurer, à souffrir;
> Sans un cœur près du mien j'ai passé sur la terre.

Venons aux *Consolations.* Ce titre promet. La première pièce est datée de mai 1829. Néanmoins elle accuse *la nuit,* un *vide immense.*

En juillet, se compose une quatrième pièce, adressée à Ulrich Guttinguer. Elle fournit ces renseignements :

> Bien souvent depuis lors, inconstant et peu sage,
> En ce doux paradis j'égarai mes amours.
> J'ai, changeant tour à tour de faiblesse et de flamme,
> Suivi bien des regards, adoré bien des pas.
> Ainsi rien ne durait... et je n'ai point aimé.
> Non, jamais, non l'amour, l'amour vrai, sans mensonge,
> Ses purs ravissements en un cœur ingénu,
> Et l'unique pensée où sa vertu nous plonge,
> Et le choix éternel... je ne l'ai pas connu.

En août, autre consolation ; c'est la huitième ; elle est envoyée à Ernest Fouinet. C'est toujours la même désolation.

> Oh! moi, si jusqu'ici j'ai tant gémi sur terre,
> Si j'ai tant vers le Ciel lancé de plainte amère,
> . . . .
> C'est plutôt jusqu'ici d'avoir aimé trop peu.

Les *Pensées d'Août* nous conduisent en 1837. La première pièce porte ce crêpe :

> M'asseyant là moi-même à l'âge où mon soleil,
> Où mon été décline, à la saison pareil ;
> A l'âge où l'on s'est dit dans la fête où l'on passe :
> « La moitié, sans mentir, est plus jeune et nous chasse. »

On trouve la même note lugubre dans les diverses pièces postérieures aux *Pensées d'Août*. Ainsi le sonnet à Mme Desbordes-Valmore a retenu ce soupir :

> Puisqu'en mon cœur désert habite un morne ennui.

On compte soupir sur soupir dans cet autre sonnet :

> La jeunesse est passée : un autre âge s'avance ;
> J'en ai senti déjà les signes sérieux.
> L'instant est solennel : fuyons loin de ces lieux !
> L'amour qui m'a laissé ne m'en fait plus défense.
> Des rivages aimés les derniers sont venus ;
> Ils passent ; c'est l'entrée aux grands flots inconnus.
> A de tels horizons il est temps de se faire.

Enfin voici une élégie :

> Je me disais le seul, le seul infortuné.
> Aujourd'hui qu'est-ce encore ? Quand ce bonheur suprême,
> L'amour (car c'était lui) m'ayant atteint moi-même,
> S'est enfui ; quand déjà le souvenir glacé

Parcourt d'un long regard le rapide passé ;
Quand l'avenir n'est plus, plus même le prestige,
Le doux semblant au cœur d'un piège qui l'oblige.
Je vais comme autrefois.

La Réponse à Édouard Turquety est la conclusion définitive et éternelle de toutes ces élégies, de ce Cantique des cantiques de l'impuissance, qui serait original s'il n'était pas une montre à répétition de Béranger :

Mon cœur n'a plus rien de l'amour,
Ma voix plus rien de ce qui chante.
Ton amitié me représente
Ce qui s'est enfui sans retour.

Le *Chant du Départ* est de circonstance ; mais quand le clairon de l'Amour a sonné la diane, Bedaine, en avant marche ! ! !

Il est faux que l'Amour ait eu la peine de fuir, puisque tout démontre qu'il n'a pas daigné venir. Le poète a passé les vingt plus provocantes années de la vie sans mériter cette visite. Puisqu'il n'a pas eu l'esprit de l'attirer pour le retenir, il aurait dû avoir l'esprit de se taire. Il est vraiment bien bon d'avoir composé un roman sur la *Volupté* et rempli plus de quatre cents pages de vers pour amuser le public de la honte de ses velléités et de son impuissance radicale. Jouer au vieillard à l'âge de Chérubin le charmeur et de Don Juan le séducteur est une licence poétique qui fera de l'Amour un marché et ne connaîtra que le dégoût du libertinage, comme on le verra.

N'ayant jamais rien aimé, pas même les livres, qui n'étaient pour lui qu'un fonds de commerce, il a été de tout temps jugé incapable d'aucune affection. C'est pourquoi il me dit une fois : « On dit partout que je n'aime rien ; j'ai pourtant aimé sept ans la même femme. » Il me nomma l'épouse de l'un des rédacteurs des *Débats* ; cette intrigue fut si mystérieuse que personne ne s'en douta dans la famille et l'entourage de cette dame, fort surveillée, si j'en crois l'un de ses cousins. Il a fait tout son possible pour être regardé comme l'amant de cœur dans une des maisons les plus illustres ; il en tirait même vanité. Son indiscrétion a été des plus persistantes. Béranger n'a pas cru à cette rumeur des coteries, et a été le premier à jeter dans les salons le mot d'impuissance comme la preuve irrécusable du contraire. Sainte-Beuve n'a jamais pardonné cette raison et s'en est vengé, en ne manquant aucune occasion de dire publiquement des vérités auxquelles le chansonnier, si gâté par ses contemporains, n'était pas accoutumé. Le procès restait pendant devant l'opinion. Le mari demanda une explication sur une dénonciation de journal. Il fut facile de le satisfaire, car il s'était compromis et avait été surpris en flagrant délit d'adultère dans un hôtel, par le Commissaire de Police. Sainte-Beuve tenait à sa prétention et voulait conserver les honneurs de la victoire. Il mettait son orgueil de critique et de carabin à démontrer que s'il y avait un front orgueilleux qui sentait des démangeaisons, ce ne seraient point des cornes de Moïse qui pousseraient dans ce travail de proéminence. Aussi pendant longtemps il se munit d'un portefeuille, afin de pouvoir, en toute occasion, exhiber une lettre convaincante. Il m'a montré ce billet, comme il a dû le représenter à tous ses amis, les plus répandus dans le monde. J'avoue que cette lettre m'a paru insignifiante; il n'y a pas de femme qui n'en écrive tous les jours de ce genre; je n'y ai pas même remarqué le tutoiement qui va si bien avec l'intimité. Ce qu'il y a de piquant, c'est que Sainte-Beuve n'a jamais eu à se plaindre de cette grande dame, de cette mère de famille; il a toujours eu des relations avec elle, et surtout à l'époque où il s'acharnait le plus à la déshonorer.

Il n'y a que deux femmes mariées dont il se vantait d'avoir été l'amant; il ne m'a pas nommé d'autres maîtresses; s'il en avait eu, il ne m'en aurait point fait mystère, car il ne me cachait rien, bien que je ne le questionnasse jamais sur sa vie privée. Ses travaux d'Hercule se réduisent donc à peu de chose, puisque sur deux conquêtes dont il tirait gloire, il y en a une dont la preuve par écrit, si concluante à ses yeux, ne m'a paru qu'une gasconnade, peu digne d'un censeur impitoyable de Tartuffe.

Journellement il parlait d'Alfred de Musset comme de son compagnon de plaisirs faciles du temps jadis. Il aimait aussi à rappeler les soupers de la jeunesse des romantiques; il racontait comment ils quittaient la table du restaurant pour aller dégrader l'Amour aussi platement que les hommes les plus vulgaires, au moyen d'une petite pièce de monnaie. Il ne manquait pas de remarquer que Victor Hugo était le Scipion de la bande; il prenait une attitude de malade pour ne pas subir les provocations grossières des sirènes de la Police.

Pour avoir et accréditer une maîtresse, comme les autres, il fallait éprouver le besoin d'aimer et d'être aimé, et posséder la faculté de justifier ses désirs. Or, on contestait à Sainte-Beuve les explosions du cœur comme les ardeurs du tempérament.

Il n'est entré en possession de la virilité que sous le bistouri d'un chirurgien; de là cette confession d'Amaury dans *Volupté :* « Je me disais que, pour le moment, l'essentiel était d'être homme, d'appliquer quelque part (n'importe où) mes facultés passionnées, de prendre possession de moi-même et d'un des objets que toute jeunesse désire; sauf à me repentir après, et à confesser l'abus. Une difficulté particulière s'étant tout d'un coup révélée à moi

par les lectures techniques que je fis à cette époque,
ajoutait encore à mon embarras et le compliquait
plus que je ne saurais rendre ; j'étais averti d'un
obstacle réel, obscur, quand toutes les chimères de
l'imagination me criaient de me hâter.» L'opération
du frein est ordinairement l'indice d'une constitution
qui aura plus besoin des excitants que des calmants.
Sainte-Beuve fut aussi sujet à une infirmité qui concorde avec ce symptôme. Il ne passait pas une heure
sans être obligé de courir où l'on va seul ; personne
à Paris ne s'est plus souvent arrêté aux bornes des
coins de rues ou de maisons. Il ne put se guérir
de cette faiblesse de l'enfance qui se prolonge rarement au delà de l'adolescence. Il prit de bonne
heure de l'embonpoint ; il le voyait avec peine,
puisque la précocité et l'accroissement de la Bedaine sont pour les yeux fins la preuve que le carquois de Cupidon est vidé. Les grandes contentions
d'esprit rouillent ou cassent les ressorts de la passion ; si le travail est régulier, continu, point de
doute pour les médecins que l'impuissance ne soit
arrivée pour toujours. Les productions hebdoma-
daires et fatigantes de Sainte-Beuve achèvent donc
le signalement. Tout concourt à éclairer la question
des présomptions et à pousser à une conclusion du
genre mitoyen.

Il suffisait de voir marcher Sainte-Beuve en se
dandinant sur les hanches, pour deviner la faiblesse

de sa complexion et la placidité de ses nerfs. Tout l'ensemble de ses traits dénonçait un tempérament de commère. Aussi les dames du faubourg Saint-Germain l'appelaient-elles la Marquise du Lundi. L'instinct des femmes est infaillible sur la moralité des hommes. Si vous les voyez renifler à l'aspect d'un homme qu'elles n'ont jamais vu, vous arriverez à découvrir que cet individu a des goûts infâmes. Si vous surprenez sur leur bouche un sourire équivoque, et si elles se permettent avec des messieurs des familiarités que la timidité de leur sexe leur interdit ordinairement dans le commerce des gens dont l'âge et la position ont droit au respect, vous pouvez gager que ces êtres qu'elles traitent sans conséquence et comme des enfants ne sont plus dangereux pour la vertu. Vous les trouverez toujours plus réservées devant un capitaine ou colonel de cuirassiers qu'en présence d'un membre de l'Institut. Sainte-Beuve était obligé de se retirer en arrière pour mettre fin aux baisers d'une grande dame qui était intéressée à le caresser ; il disait naïvement : « Assez, assez, princesse. » Il sentait que ces enfantillages sont un déshonneur pour un homme.

Adèle, la plus connue de ses domestiques, l'appelait habituellement *chat mouillé*. Gouvernantes et servantes lui témoignaient ce peu de considération qu'il est impossible aux femmes de contenir en face d'un homme qui n'a plus ce qui plaît à leur sexe.

Chaque fois que je les plaisantais sur leur position dans un ménage de garçon, elles repondaient par un *lui* qui équivalait à un certificat de bonne vie et de bonnes mœurs avec lequel on serait reçu, sans informations, dans un séminaire ou un couvent. Épouses ou maîtresses, les femmes pardonnent et oublient les injures, les voies de fait, les humiliations ; elles ne restent impitoyables que pour tout le sens qu'on peut donner à ce *Lui* qui établit la séparation de corps et de bien entre les deux sexes. Sainte-Beuve n'avait que cinquante ans quand il était ainsi jugé par sa maison. On ne se trompait guère, car il me dit un jour : « On vient de me proposer un excellent mariage à tous les points de vue. Mais je ne puis pas me marier. Je tromperais une femme. »

Voilà donc ce qu'il fallait cacher. Il n'eut plus qu'une honte, ce fut de conserver une continence que l'âge lui imposait comme une vertu naturelle. Il préféra à la sagesse la passion qui devait lui coûter le plus d'efforts et compromettre sa mémoire. Il ne pouvait avoir de maîtresse qui aurait, un jour ou l'autre, vendu le secret de la comédie, à l'instar des gouvernantes et des servantes, qui chantaient en chœur que n'importe quelle femme ne devait avoir de scrupule de cohabiter avec lui, parce qu'il était de notoriété publique que ce n'était pas un homme. Il devint un Rôdeur ; il le fut sans gêne ni façons ; il alla jusqu'au cynisme. Il avoua à Baudelaire qu'il avait en ville une chambre à l'année. Il affecta de rôder dans le quartier où il était le plus exposé à être reconnu. C'est ainsi que pendant de longues années on a pu le voir rôder, tous les soirs, dans le voisinage de l'Abbaye. Plus tard, il rôda autour de l'École de Médecine, dans les rues où les étudiants rôdent le plus. Il rôdait dans certaines maisons comme d'autres vont au café ou à la prière du soir à Saint-Sulpice.

Toujours Amaury et toujours l'homme de ses *Poésies complètes*. Cette vie de Rôdeur n'y est pas cachée. Dans les *Consolations*, la pièce adressée, en octobre 1829, à Antony Deschamps, ne laisse rien à désirer :

> Que n'ai-je eu de bonne heure un ange dans ma vie !
> Que n'ai-je aussi réglé l'œuvre de chaque jour,
> Chaque songe de nuit, sur un céleste amour !
> On ne me verrait pas, sans but et sans pensée,
> Tout droit, tous les matins, sortir, tête baissée ;
> *Rôder* le long des murs où vingt fois j'ai heurté
> Traînant honteusement mon génie avorté.

Ces Rôderiées paraissent déjà dans *Joseph Delorme*. Pour preuve, il dit à Alfred de Musset :

> Mais moi, demain, lassé d'un bonheur trop facile,
> Retrouvant le dégoût en mon âme indocile,
> Moi qui poursuis toujours en de vaines amours
> Un même être rêvé qui m'échappe toujours.

Rien ne change avec les *Consolations*. La pièce à Ulrich Guttinguer est encore plus forte, à la date de juillet 1829 :

J'ai rabaissé mon âme aux faciles plaisirs.
J'ai mordu dans la cendre et dans la pourriture,
Comme un enfant glouton, pour m'assoupir après.

Le mois d'octobre, Boulanger a reçu cette confession :

Et nous, nous qui sortons de nos plaisirs infâmes,
Un fou rire à la bouche et la mort dans nos âmes !

L'*Élégie*, qui est l'une des dernières piéces, montre les mêmes habitudes, malgré le fer chaud qu'on leur a appliqué :

Je cherche... quoi ?
Mais au fond, maîs encor ce bonheur défendu,
Et le rêve toujours, quand l'espoir est perdu.

Il fallait tromper le public. Pendant plusieurs années, il alla assez souvent souper chez Magny avec de jeunes filles, puis il les reconduisait à leur porte et les laissait au premier occupant. Sur la fin de sa vie, il en mena dans quelque restaurant du Palais-Royal, mais il avait soin de choisir un cabinet, afin de laisser tout supposer. Il tenait à faire scandale. Car s'il avait voulu cacher sa vie de gar-

çon, il n'avait qu'à rester chez lui ; il avait une maison montée, et il n'y avait aucun locataire qui pût
épier sa conduite.

Les diverses opérations de la pierre qu'il subit ne
devaient laisser aucun doute sur son état. Il ne
pouvait s'asseoir qu'entre deux chaises. Il avoua à
Pécontal que le trait d'union des sexes n'était plus
pour lui qu'un point pour la sonde. Il s'ingénia à
tromper les sagaces. Jamais il ne s'est plus affiché
que depuis qu'il se traînait plus qu'il ne marchait,
et que les convenances de l'âge, de la renommée,
de la position, exigeaient plus de réserve. Il
joua au vert-galant ; il devint fanfaron de vices. Il
était assez riche pour se payer, rubis sur l'ongle,
des caprices. Dès lors l'inséparable parapluie fit
place à quelque demoiselle de compagnie. Tous
ceux qui ont connu Sainte-Beuve sexagénaire racon-
tent qu'ils l'ont rencontré, bras dessus bras dessous,
tantôt avec une brune, tantôt avec une blonde, la
première venue. Tant qu'il a pu sortir, il a rôdé. A
force de poser pour la galerie, il a fini par gagner
la réputation de libertin. Celle du maréchal de
Richelieu n'est pas plus universelle. C'est précisément ce qu'il voulait, à tout prix. L'immoralité du
Rôdeur a dépensé la moralité du causeur.

Il fallait encore et surtout tromper la postérité. Le
plus impotent de nos rois, Louis XVIII, avait un cheval de bataille dans ses écuries. Par un legs de son

testament, Sainte-Beuve a cru qu'à l'avenir personne ne pourrait douter qu'il n'eût enfin fini par aimer et être aimé, mais donnant donnant. Tout porte à croire que l'Histoire verra un jour dans une constitution de rente en faveur d'une jeune inconnue une présomption de qualité de maîtresse posthume.

Son impuissance, aussi constatée par les médecins que masquée par le scandale, explique le dénouement de toutes les contradictions de cette vie.

Sans cesse observé, il a posé pour les amis et les flatteurs de la dernière heure. Vu de près, son humeur était voisine de la rage; son irritation était continue, comme on le remarque chez tous les hommes inconsolables d'avoir perdu l'apanage de la jeunesse. Ne pouvant forcer la nature épuisée, il fut aussi fanfaron d'impiété que de vice, et s'en prit à Dieu et à la société de la honte de son impuissance.

Pour se distraire, il se rend chez Magny à des soupers de Balthazar à raison de cinq francs par tête. Béranger a écrit une *chanson* intitulée *Treize à table;* au lieu de s'en amuser, Sainte-Beuve en fait un sujet de sombres soucis. Chaque fois que le nombre des convives est de treize, il a peur; il croit lire sur les parois du restaurant que ses jours sont comptés et ses œuvres pesées. Il a récemmeut avoué, à propos d'Hégésippe Moreau, que les approches du grand moment élèvent et purifient les belles âmes.

Il n'oserait se plaindre de la Providence, car ses succès sont un scandale pour quelques chrétiens et pour beaucoup d'hommes de lettres. Il est plus riche et honoré qu'il ne l'a jamais désiré. La presse l'a tellement surfait et la société l'a si accablé de sinécures, qu'il ne reste plus rien à lui donner.

Le voilà en proie à une maladie qui ne badine pas; les souffrances sont trop intenses pour durer longtemps. Saint Bernard regardait le doute comme le fils de l'ignorance. Sainte-Beuve a été le plus grand dévoreur de livres de cette époque; il faut qu'il se fasse un parti en face de la Mort dont la faux est étendue sur sa tête. Il ne peut oublier tout ce qu'a écrit Pascal sur le problème de l'éternité. Il sait combien la mort civile de Lamennais, de Dargaud, de Proudhon, d'un M. Vieillard, offre peu de probabilité. Il n'y a pas à reculer. Le moment est venu de décider s'il n'y a que la longueur du poil qui mette de la différence entre la destinée du sénateur et académicien Sainte-Beuve et celle de ce monstre de chien que tous les voisins appelaient le petit Sainte-Beuve.

Il se croit un Don Juan parce qu'il s'est affiché comme Don Juan, parce qu'il a des dettes chez tous ses fournisseurs, comme Don Juan. Il préfère mourir dans l'impénitence finale de Don Juan.

Il renonce au Christainisme auquel il doit toutes les qualités qui lui ont valu honneur et argent; il se sépare de la société dont il a accaparé tous les privilèges. Toute la finesse de ses élucubrations aboutit à l'idiotisme du sauvage. Voilà le dernier mot d'un enterrement civil.

Son impuissance physique sert à expliquer son abstention perpétuelle sur tout ce qui fait le sujet des croyances, des affections. A la fin il a fallu opter entre le Christianisme et l'athéisme; il recourut à ce qu'on regarde à tort comme la plus infaillible marque d'irréligion, afin de laisser imputer à l'incrédulité la présomption de dissolutions secrètes. Cette vengeance posthume retombe sur sa mémoire, car il a motivé son irréligion sur son impuissance, comme le démontre sa Réponse à Édouard Turquety:

> Il est un jour aride et triste
> Où meurt le rêve du bonheur:
> Voltaire y devint ricaneur,
> Et moi, j'y deviens janséniste.

Il ne fut ni chrétien, ni philosophe, ni politique, ni causeur, ni ami, ni amant, parce qu'il était impuissant. Le cynisme de la fin et la réserve de toute la vie n'ont pas eu d'autre but que de tromper l'humanité. Il n'y a pas réussi. Maintenant que le rideau est tiré, et que la farce est jouée depuis le 13 octobre 1869, l'illusion est impossible. Pour la postétité, toute cette comédie se résume dans la fable de La Fontaine sur le *Renard ayant la queue coupée*.

Ainsi Sainte-Beuve n'a été qu'un être mitoyen : voilà le dernier mot de ses soixante-cinq années de vie et de son bagage d'une soixantaine de volumes.

L'ÉPITAPHE

Ainsi ce n'est que pour son éternelle confusion que Sainte-Beuve, qui n'eut, toute sa vie, que de l'indifférence pour toutes les religions et tous les partis politiques, s'est décidé si tard à se mettre en mourant à la queue des populaciers. Si jamais un artiste avait la fantaisie de lui créer des Champs-Élysées, comme on le fit pour Voltaire, Jean-Jacques Rousseau, Frédéric II, roi de Prusse, il faudrait qu'il le cachât derrière un énorme mancenilier.

Il reste à le juger au point de vue du monde.

Or, il n'a aimé ni les voyages, ni la promenade, ni les arts, ni la table, ni le jeu, ni les fêtes, ni les spectacles, ni la société, ni la famille. Y a-t-il dans la vie d'autres agréments pour un individu du genre mitoyen ? Il a voulu forcer la nature par des habitudes de rôdeur ; ces contradictions l'ont endetté et ridiculisé sans le rendre moins ennuyé et irascible. L'étude a été pour lui un châtiment de forçat. Il passait d'un livre à l'autre sans enthousiasme et sans regret. Il feuilletait plutôt qu'il ne lisait. Son érudition n'a été qu'une curiosité sans cause et sans effet. Il a négligé les grandes figures parce qu'il n'avait ni étendue ni profondeur dans l'esprit. Il a écrit au hasard, au jour le jour, sans se rendre compte de ses articles ni de son silence. Aucune distraction à cette occupation continue.

En faisant un pas de plus vers le Christianisme, il multipliait le nombre de ses amateurs et n'aurait pas eu un ennemi de plus. Il a fini par perdre ses lecteurs en s'éloignant de la moyenne des esprits dont il représentait en tout les goûts et les facultés.

Par ses qualités négatives, en restant dans sa nature timide, mais partout acceptée, il pouvait et devait avoir des jours ou des heures de salon ; il aurait reçu la plus nombreuse et la plus agréable société de Paris, les gens de lettres comme les hommes du monde. Il s'est condamné à une retraite de sauvage. Cet isolement a abrégé sa carrière d'une vingtaine d'années. Sa vie trop sédendaire ne fut donc ni longue ni bonne.

La gloire vient d'en bas ; c'est la jeunesse qui la fait, l'augmente et la conserve. Sainte-Beuve a dédaigné la jeunesse obscure et pauvre dans sa vie d'écrivain ; elle lui a rendu mépris pour mépris, en le chassant de sa chaire de professeur médiocre à Lausanne, à Liège et à Paris.

Il ne laisse pas d'ouvrage, et seulement des articles sans lien, sans suite. Ils ont été dévorés à mesure qu'ils paraissaient. Pour les nouvelles générations c'est une œuvre morte. Il sera consulté comme Bayle, comme Nicéron, comme Moréri. Il fera pitié, quand une table générale des matières permettra de compter ses innombrables contradictions en toutes choses, et de prouver combien son jugement littéraire était peu sûr.

Par son testament il a plus perdu que gagné. A ses obsèques la jeunesse était à peine visible ; la masse, beaucoup exagérée et dépassant à peine deux mille personnes, se composait de journalistes et d'écrivains qui arrivèrent plutôt malgré le scandale que pour l'amour de la protestation irréligieuse. Quelques groupes de libres-penseurs ne faisaient point compensation suffisante à l'absence du monde officiel et de l'aristocratie des salons. Ils ont paru triompher de la hardiesse posthume d'une inconvenance. Si toutes les notes du défunt sortent un jour de leur carton, je les avertis charitablement, parce j'en sais long sur leur compte, ils seront les premiers à rougir de leur victoire et seront tentés de profaner les restes qu'ils ont honorés à leur façon. En attendant, ils feront bien de souscrire chez les éditeurs, afin de dédommager la succession Sainte-Beuve des milliers de prêtres, de chrétiens des deux sexes qui achetaient autrefois les *Causeries*, et qui les méprisèrent depuis les scandales des Discours au Sénat et de la profanation du Vendredi-Saint. Mais ce ne sont pas des bibliophiles; ils préfèrent toujours aux *Causeries* de Sainte-Beuve, qui sont trop morales, trop savantes, trop précieuses pour leur ignorance et leur grossièreté, la compagnie des gourgandines et la saveur de l'absinthe et du trois-six. C'est le parti qui a incendié la bibliothèque du Louvre, la bibliothèque de l'Hôtel-de-Ville, la bibliothèque du Conseil d'État, la bibliothèque du Palais de Justice, et qui aurait brûlé la Bibliothèque Nationale, la bibliothèque Sainte-Geneviève et les Archives nationales, s'il avait eu quelques jours de tyrannie de plus, car tout était prêt pour cette destruction d'Omar.

En vieillissant Sainte-Beuve avait perdu tous ses anciens amis; à l'Académie, il n'y avait plus que Dupin qui lui rendait son salut; au palais du Luxembourg, il ne rencontrait que cinq sénateurs qui ne lui témoignassent aucun mépris. Par son testament il s'est aliéné toute sa classe de lecteurs. En mourant, il ne pouvait goûter d'autre satisfaction inénarrable que de laisser après lui une laideur plus parfaite que la sienne dans la personne de Renan.

Ainsi Sainte-Beuve, qu'on croyait si fin, a si mal

arrangé sa vie et sa mort, et comme philosophe, et comme écrivain, et comme homme, qu'en le jugeant sans enthousiasme et sans haine, ainsi qu'il jugeait ordinairement les autres, on est forcé de convenir qu'il fut sot.

En n'ambitionnant d'autre pelletée de terre que la charogne, il s'est rendu la justice de n'être qu'une bête. Mourir ainsi c'est crever comme un chien, suivant une expression populaire qu'on doit au Christianisme et qu'on retrouvera chez tous les peuples, puisqu'il est impossible d'en citer un qui n'ait aucune religion, aucune cérémonie pour les funérailles.

Sainte-Beuve n'a pas eu le triste bénéfice de son enterrement civil. Ce convoi n'eut rien de lugubre, rien de sérieux ; ceux qui étaient en voiture ne se donnèrent pas la peine d'en descendre ; on causait et on riait comme à une foire. C'était une manifestation d'impiété ; on n'y proclama qu'une chose, l'existence de Dieu. M. Lacaussade savait qu'il aurait à toucher dix mille francs pour grimer le croque-mort en cette circonstance scandaleuse. Au moment où les restes de Sainte-Beuve furent descendus dans le caveau où reposaient Mme Sainte-Beuve, morte munie des sacrements de l'Église, et une gouvernante que Sainte-Beuve avait fait confesser par le curé de Saint-Sulpice qu'il était allé chercher lui-même et avec lequel il avait parlé de la Résurrection de Jésus-Christ, ce que je tiens de sa bouche, M. Lacaussade termina la comédie ou la tragédie de cette matinée par ce mot : « Adieu Sainte-Beuve ! » Il était impossible de mieux confondre les libres penseurs, en ne prononçant d'autre nom que Celui qui est, de Dieu que Sainte-Beuve n'a point aimé et qu'il voulait nier publiquement après décès.

Sainte-Beuve a légué à M. Troubat sa maison, ses meubles et ses propriétés littéraires. Il a compté sur lui pour défendre sa mémoire, attendu qu'il prévoyait qu'elle en aurait grand besoin. M. Troubat a fait preuve de bonne volonté. Il est tout naturel qu'il cherche à tirer parti de la montagne d'articles dont le sort est confié à son habileté. Il se souvient qu'il y eut un temps où ils étaient avantageusement cotés sur la place de Paris; maintenant il s'aperçoit que ces valeurs n'ont cessé de baisser dans le commerce depuis le jour de l'enterrement incivil de son maître. Il voudrait ramener les lecteurs. Pour cela il a la naïveté de leur dire que Sainte-Beuve a toujours eu du respect pour la religion. C'est donc convenir que ce finot de Sainte-Beuve n'est qu'un sot, puisqu'il s'est trompé dans tous ses calculs viagers et posthumes.

Au point de vue religieux, Sainte-Beuve est jugé de même. Il y a longtemps que le plus sublime des poètes, le poète du catholicisme, a proclamé qu'il faut être sot pour dire dans son cœur qu'il n'y a point de Dieu. *Dixit insipiens in corde suo : non est Deus*. L'Église ne pleurera pas sur les qualités que Sainte-Beuve lui a volées; elle est trop riche pour réclamer si peu de chose. Elle ne priera point sur ses fautes.

Il ne reste donc plus à Sainte-Beuve que sa nullité. Tant qu'il a vécu, on a pu lui dire :

Puisque vous êtes *laid*, vous êtes *bas* sans doute. Maintenant il ne mérite d'autre épitaphe que cette inscription qui doit servir aussi à tous ses pareils :

Puisque vous *fûtes nul*, vous *fûtes bas* sans doute.

Je n'aurais jamais songé à dévoiler cette nullité, si l'enterrement civil ne m'en eût fait connaître toute la honte. Il m'a fallu oublier la dignité de mon sexe et surmonter tous les dégoûts pour étudier seul et le premier tous les caractères de l'Impuissance et forcer l'Histoire de me livrer tous ses arcanes. Je scandaliserai assurément tous les gens qui ne manqueront pas de reconnaître leur figure flétrie et ridiculisée dans ce miroir de leurs prédécesseurs et de leurs pareils : leur colère sera le meilleur fruit de mes investigations. Ils feront bien d'être moins hardis, puisqu'on saura désormais à quelle bassesse secrète l'Église et l'État doivent leurs ennemis implacables. Je n'ai rien à craindre des enquêtes de la science; l'expérience des docteurs en médecine les plus compétents est venue confirmer tout ce que j'ai deviné, tout ce que j'ai découvert. J'aurai pour sanctionner l'originalité de ma thèse l'infaillibilité des femmes. Oui, j'en appelle aux femmes qui ont un mari ou un amant; j'en appelle aussi aux femmes qui ont mari et amant; j'en appelle surtout aux maîtresses honoraires, dont le nombre augmente tous les jours parce que les hommes de tous les âges sentent qu'ils ont besoin d'en afficher une ou deux pour mieux cacher leur nature morte à la galerie des mauvaises langues.

Les langues sont femmes. Elles ont été indiscrètes comme les femmes. Dieu a créé Adam et Ève, souche du genre humain. Il a créé un mâle et une femelle dans chaque espèce du genre animal. La science confesse depuis longtemps que le règne végétal ne s'est perpétué qu'au moyen des deux sexes, absolument comme l'homme et la bête. Le genre masculin et le genre féminin se trouvent dans toutes les langues, parce qu'elles viennent de Dieu, créateur des deux organes de la génération. Le genre neutre contredit le bon sens et les lois de la nature; il n'est pas universel dans les langues, parce qu'il est le fait de l'homme. L'homme a beau s'agiter, il n'ajoutera jamais que son impuissance à la création des six jours. Voilà ce que l'indiscrétion des langues démontre impertinemment aux savants qui nient le récit de Moïse et le fonds de toutes les traditions, parce que leur impuissance physique et morale ne saurait être qu'un objet de dérision.

Si j'en crois les divers Dictionnaires que j'ai parcourus et les savants que j'ai consultés, il faut nommer parmi les Langues qui n'ont pas le genre neutre : l'Hébreu, l'Arabe, le Chinois, l'Arménien, le Syriaque, le Mongol, le Thibétain, le Kalmuk, le Turc, le Lapon, l'Éthiopien, le Finnois, le Natchez, le Huron, l'Algonquin, le Hongrois, le Géorgien, l'Italien, l'Espagnol, le Basque, le Hollandais, le Breton, le Français. Le genre neutre est admis par le Grec, le Latin, l'Allemand, le Danois, le Suédois, le Russe, le Polonais, le Flamand, l'Anglais, le Portugais, le Serbe, le Valaque, le Cophte, le Sanscrit, enfin le Zend, qui met au neutre tout pluriel. Libre aux savants, qui comptent huit cent soixante langues et environ cinq mille dialectes, de compléter ces recherches sur le genre neutre.

Les langues ont leurs mystères comme la génération. Tantôt c'est le masculin qui donne le genre à l'espèce ; tantôt c'est le féminin. La même singularité se trouve dans les mots qui désignent les parties sexuelles de l'homme et de la femme, de tout genre masculin et de tout genre féminin.

Le génie le plus profond et le plus savant ne saurait se rendre compte des mystères de sa langue ;

il est forcé de subir les lois de la syntaxe. L'impuissant, qui fait la risée de quiconque le connaît, voudrait, des profondeurs de sa rage, jauger les attributs de Dieu et scruter tous les mystères du temps et de l'éternité, pour arriver plus vite à la certitude du néant. Il n'y arrive pas!

TABLE DES MATIÈRES

Paris. — Typ Ch. Unsinger, 83, rue du Bac.